AF162638

Selfmade GLÜCKSIONÄRIN

Glück selbstgemacht – mit **Achtsamkeit** und **positivem Denken** zu mehr **Gelassenheit** im stressigen Alltag

Inkl. Workbook Teil zur Selbstreflexion

Ramona Neupert

© 2022 Ramona Neupert

Für Fragen und Anregungen:
info@avocado-verlag.de

Klimaneutral
Druckprodukt
ClimatePartner.com/18373-2201-1001

Bibliografische Information der Deutschen Nationalbibliothek:
Die Deutsche Nationalbibliothek verzeichnet diese Publikation in der Deutschen Nationalbibliografie; detaillierte bibliografische Daten sind im Internet über http://dnb.dnb.de abrufbar.
Originalauflage, 1. Auflage 2022
© 2022 by Avocado Verlag, Bremer Straße 60, 10551 Berlin, Deutschland,
www.avocado-verlag.de

ISBN 978-3-9824290-8-3

Alle Rechte vorbehalten. Kein Teil des Werkes darf in irgendeiner Form ohne schriftliche Genehmigung des Verlages reproduziert oder unter Verwendung elektronischer Systeme gespeichert, verarbeitet, vervielfältigt oder verbreitet werden.

Bildnachweis: Coverbild: © fotoduets/stock.adobe.com;
alle weiteren: © Ramona Neupert
Covergestaltung, Layout und Satz: Bernadett Linseisen (schere.style.papier), München

Rechtliches und Haftungsausschluss
Alle Rechte vorbehalten. Der Inhalt des Buches sowie die Grafiken sind urheberrechtlich geschützt. Nachdruck, Übersetzungen, Weiterverarbeitung auch nur auszugsweise, sind verboten. Auch Teile dieses Werkes dürfen ohne schriftliche Genehmigung der Autorin in irgendeiner Form, vervielfältigt oder verbreitet werden. Dieses Buch wurde nach bestem Wissen und mit großer Sorgfalt recherchiert. Die Informationen und Denkanstöße Spiegeln zum größten Teil die eigene Meinung der Autorin wieder. Die Autorin kann jedoch keinerlei Haftung für die Empfehlungen, Sachverhalte und Ideen übernehmen. Alle Ideen und Empfehlungen sollen als Denkanstöße zu verstehen sein umso den besten Weg für sich selbst zu finden. Die Autorin fordert keinen Leser/in dazu auf die Realisierung der Vorschläge umzusetzen und übernimmt keine Gewähr. Auch möchte die Autorin darauf hinweisen, dass keine Erfolgsgarantien gewährleistet werden können und die Inhalte dieses Buches möglicherweise nicht bei jedem Leser/in zu den gewünschten oder erhofften Resultaten führt. Der Leser bzw. die Leserin ist für die Aktionen aus diesem Buch selbst verantwortlich und handelt auf eigne Gefahr. Dieses Buch soll auch nicht als medizinische Hilfe in Betracht gezogen werden. Haftungsansprüche materieller, ideeller Art gegen die Autorin, die durch die Umsetzung oder Nichtumsetzung der dargestellten Informationen erfolgt, sind grundsätzlich ausgeschlossen. Somit besteht kein Rechtsgrund eine Haftung jeglicher Art zu übernehmen. Hier sind auch physische und psychische Probleme eingeschlossen. Mögliche Schäden durch die Zubereitung und Verzehr des Rezeptes können auch nicht übernommen werden. Druckfehler können nicht vollständig ausgeschlossen werden.

R uhe

E nergie

B egeisterung

A usdauer

L eben

A chtsamkeit

N ächstenliebe

C harisma

E ntschlossenheit

Y in & yang

O ptimismus

U nerschütterlichkeit

Du fühlst dich abgeschlagen und gestresst und hast das Gefühl nicht mehr zur Ruhe zu kommen.

Du merkst, dass die Welt um dich herum verrücktspielt und es für dich so wichtig wäre, diese verloren gegangene Gelassenheit wieder in dir zu spüren.

Aber sie ist nicht mehr da, diese Leichtigkeit und Energie, die du schon einmal gekannt hast. Früher.

Du wünschst dir so sehr, wieder mehr DU sein dürfen.

Du möchtest, dass sich dein Leben wieder leicht anfühlt, weißt aber nicht, was genau du tun kannst.

Dieses Buch unterstützt dich dabei, Methoden und Techniken kennen zu lernen, um deine eigene SELF-MADE GLÜCKSIONÄRIN zu werden.

Du lernst unterschiedliche Möglichkeiten kennen, die du in deinen Alltag einbauen kannst, um durch Achtsamkeit und positives Denken wieder mehr Gelassenheit zu empfinden.

Kurzweilig – mit einer gesunden Prise
Humor – mit Tipps zur sofortigen
Anwendung und Umsetzung.

Das Buch ist für all Diejenigen geschrieben,

die sich gerne inspirieren lassen und Möglichkeiten suchen, um sich ihr Glück selbst zu machen!

Niemand muss dich
glücklich machen.

Du machst dich einfach selbst glücklich.

Inhalt

Warum fällt es dir so schwer los zu lassen?
10

Glück – eigentlich doch ganz einfach, oder? –
12

Meine Reise beginnt – komm doch
mit und werde glücklich –
14

Von den Besten lernen – ist Glück lernbar –
15

Wie kann man denn positiv denken,
wenn negative Dinge passieren?
23

Wenn negative Gedanken nicht gehen wollen
33

Habe Spaß daran, an deiner
Persönlichkeit zu arbeiten!
35

Das Glück mit den richtigen Motivatoren
46

Aber: Was tun, in negativen Situationen?
50

Dem Alltagsstress entfliehen
56

Die eigene Lebenseinstellung
58

Welche Auswirkungen haben die Gedanken anderer Personen auf dich?
62

Unvergleichlich glücklich
66

Glücks-Schranken die du dir selbst setzt
73

Jeden Tag Glücks-Momente
81

Wann hast du das letzte Mal etwas
zum ersten Mal gemacht?
84

Durch die Augen deines Smartphones
90

Nutze die Kraft des positiven Denkens
92

Unterstützung durch Rituale
96

Glückshormone gezielt freisetzen
100

Deine regelmäßige Lebensinventur
106

Veränderungen brauchen Zeit
– aber fange jetzt damit an –
122

Erinnere dich täglich an deine Ziele
124

Tagebuch schreiben war gestern
– Journaling ist heute –
128

Motiviere dich
132

Übungen für deine Selbstreflexion
137

Über die Autorin
160

Danke!
161

Kontakt
162

Literaturverzeichnis
163

Warum fällt es dir
so schwer los zu lassen?

Nachts liegst du wach in deinem Bett und kannst nicht schlafen. Deine Gedanken kreisen immer wieder um das gleiche Thema.

Dir fällt es so schwer los zu lassen, obwohl du weißt, dass es genau das ist, was für dich so wichtig wäre.

Eigentlich geht es dir doch gut. Du müsstest zufrieden sein. Aber trotzdem halten dich deine Gedanken immer wieder davon ab glücklich zu sein.
Du fühlst dich gestresst, unter Druck und genau DAS wirkt sich auch auf deinen Körper aus!
Dein Magen ist flau, er krampft. Du fühlst dich schlecht. Dieses Gefühl verrätst du aber niemanden, weil du am Tag über gut funktionierst. Zumindest bisher.
Während du nachts wach liegst, fragst du dich, warum du diese Freude und Leichtigkeit, die du schon einmal gekannt hast, nicht mehr spürst.
Du merkst, dass du diesen negativen Strudel, der dich wie ein Schatten begleitet, einfach nicht mehr los wirst.
Dir würde es so guttun, wenn du wieder mehr bei dir selbst ankommen würdest!

Dafür hast du aber gar keine Zeit und wenn du ehrlich bist, weißt du auch nicht genau, wie du es anfangen sollst, dir diesen Raum, den du dir eigentlich so sehr wünschst, in deinem Alltag zu geben.

Hallo liebe Leserin! Mein Name ist Ramona Neupert und ich weiß ganz genau, wie du dich fühlst!

Mir ging es vor Jahren ähnlich und ich habe mir die Frage gestellt, wie ich diese Leichtigkeit wieder mehr spüren kann. Wie ich Glück wieder mehr erleben kann.

Ich möchte dich heute daran erinnern, dass du der wichtigste Mensch in deinem Leben sein darfst!

Es ist deine oberste Aufgabe, gut für dich selbst zu sorgen, damit du dein Leben genießen kannst!

Und das ist keineswegs egoistisch. Denn nur, wenn du dir erlaubst, voller Energie und Lebensfreude zu sein, kannst du deinen Mitmenschen etwas davon abgeben.

Dieses Buch soll dich darin unterstützen, diese Leichtigkeit in deinem Alltag wieder zu spüren und einfach gelassener zu sein.

Es soll dir die Möglichkeit geben, achtsamer im Alltag zu sein. Mit dem, was du denkst, was und wie du fühlst und es soll dir Techniken aufzeigen, die dich darin unterstützen wieder mehr in deine Kraft zu kommen.

Am Ende dieses Buches erwartet dich ein Workbook. So kannst du die unterschiedlichen Bausteine für dich und auf deine individuelle Situation anwenden und entscheidest selbst, welche Methoden du zukünftig in deinem Alltag nicht mehr missen möchtest! Denn Glück ist selbstgemacht, wenn du weißt, wie es geht!

Glück
– eigentlich doch ganz einfach, oder? –

Schön, dass du da bist!

Du hältst dieses Buch genau zur richtigen Zeit in deinen Händen! JETZT – wo du das sogenannte „Quäntchen Glück" doch so gut gebrauchen kannst!

Ich freue mich riesig darauf, dein Leben glücklicher machen zu dürfen! Wenn du dich darauf einlässt, beginnt jetzt gerade deine spannende Reise! Lass uns zusammen ein Stück gehen!

Du begleitest mich und ich begleite dich!

Hast du dich schon einmal gefragt, was Glück eigentlich ist und was es für dich bedeutet?

Jedes Jahr mindestens einmal zum Geburtstag wünschen uns die Gratulanten „viel Glück" im neuen Lebensjahr. Das Gleiche wurde dir in der Vergangenheit sicher auch schon vor schwierigen Prüfungen oder Aufgabenstellungen gewünscht. Wie oft ist es denn aber tatsächlich vorgekommen, dass du einen großen Lottogewinn hattest oder ganz ohne Vorbereitung und einfach nur mit „viel Glück" eine Prüfung oder Aufgabenstellung hervorragend gemeistert hast?

Ich stelle mir die folgenden Fragen, wenn es um die Bedeutung des kleinen Wortes „GLÜCK" geht:

- Kommt es eher zufällig in unser Leben oder können wir es beeinflussen?

- Was verbirgt sich dahinter und wie kann ich es für mich nutzen?

- Glück selbstgemacht – wie funktioniert das genau?

- Wie kann ich durch Achtsamkeit und positives Denken glücklicher sein?

Wenn du Spaß daran hast, diesen Fragen mit mir auf den Grund zu gehen, dann lade ich dich auf eine spannende Reise ein.

Ich werde dir von meinen Erfahrungen erzählen und dir dabei gleichzeitig Methoden an die Hand geben, um deinem Glück ein Stück näher zu kommen. Wenn du dich darauf einlässt, wirst du nicht nur meinen Weg kennenlernen, sondern auch viel über dich selbst herausfinden und eigene Erfahrungen sammeln!

Nutze die Chance! Gehe voller Freude und Neugierde vor! Lass dich kurzweilig unterhalten und dabei ganz nebenbei den Weg zu deinem Glück finden.

Werde deine eigene Selfmade Glücksionärin!

Meine Reise beginnt
– komm doch mit und werde glücklich –

Ich nehme dich jetzt mit auf meine Reise in ein positiveres und glücklicheres Leben. Im Nachhinein denke ich an ein Ereignis vor mehreren Jahren. Ich war bei meiner Hausärztin, zu einem Check-Up. Bei dieser Gelegenheit erzähle ich ihr, dass ich mich immer mehr abgeschlagen fühle. Morgens fällt es mir zunehmend schwer voller Elan aus dem Bett zu springen. Sportlich war ich sicher schon leistungsfähiger und irgendwie fehlt mir der Esprit, den ich früher hatte. An meinem gesundheitlichen Zustand kann es nicht liegen. Meine Ärztin bestätigt mir, dass ich topfit bin. Leider fühle ich mich nicht so. Um mich zu beruhigen, sagt sie, dass es auch ihr früher einfacher gefallen ist, morgens aus dem Bett zu kommen. Aber wenn man älter wird, sei es ganz normal, jeden Tag Anlaufschwierigkeiten zu haben. Zum Abschied gibt sie mir noch mit auf den Weg „wir werden alle nicht jünger. Besser wird es nicht mehr!". Super, habe ich mir gedacht. Das sind ja gute Aussichten, für meine nächsten fünf oder sechs Jahrzehnte!!

Wie ist es mit dir? Fühlst du dich auch manchmal abgeschlagen, nicht mehr so motiviert wie früher und würdest dir wünschen mal wieder Bäume ausreißen zu können?

Damals habe ich keinen Zusammenhang zwischen meinem Lebensgefühl und dem kleinen Wort GLÜCK gesehen. Heute weiß ich es besser, aber dazu später mehr!

Von den Besten lernen
– ist Glück lernbar –

Um meiner Abgeschlagenheit entgegenzuwirken, haben mein Mann und ich, ein paar Wochen nach meinem Arztbesuch, beschlossen, in den Urlaub zu fahren, um Kraft zu tanken. Auf der Suche nach der geeigneten Urlaubslektüre hatte ich großes Glück und habe ein für mich absolut interessantes Buch gefunden. Auch hier stellt sich für mich die Frage: Habe ich das Buch gefunden oder hat es mich gefunden? Bereits nach wenigen Seiten wurde ich in seinen Bann gezogen und habe meine Nase in jeder Sekunde, die ich nutzen konnte, in das Buch gesteckt. Ich fand es geradezu inspirierend, wie darin die Anziehungskraft des Universums beschrieben wurde. Alle positiven Dinge seien in unserer Welt und im Universum grenzenlos vorhanden. Alle Wünsche können in Erfüllung gehen, wenn man nur die richtigen Gedanken aussendet. Diese würden auf geradezu zauberhafte Weise auf einen zurückkommen. Mich hat dieses Thema so fasziniert, dass ich mir immer mehr Lektüre dazu gesucht und geradezu verschlungen habe. Die Grundidee, immer und überall positiv zu denken, war mir klar. Die Umsetzung, nur noch ganz selten negative Gedanken zuzulassen, war aber gar nicht so einfach.

Ehrlich gesagt, war ich mir bis zu diesem Zeitpunkt auch gar nicht so bewusst darüber, was ich denke. Der Beobachter meiner eigenen Gedanken zu sein, erschien mir aber äußerst spannend. Doch mindestens auch genau so erschreckend. Denn plötzlich habe ich festgestellt, dass es gar nicht so selten war, mich von negativen Gedanken leiten zu lassen.

Wenn du Lust hast, mache doch einmal selbst den Test und beobachte einmal ganz bewusst deine Gedanken.

Wie oft denkst du positiv?

Wie oft freust du dich über die vermeintlich kleinen Dinge des Lebens?

Wie oft bist du bewusst glücklich darüber, dass du gesund bist, die Sonne scheint, du etwas zu Essen hast, am Abend ein bequemes, warmes Bett auf dich wartet oder du das Glück hast, geliebte Menschen um dich zu haben?

Ich möchte wetten, dass ich mindestens drei Dinge aufgezählt habe, die du als selbstverständlich erachtest und im stressigen Alltag keinen Gedanken darüber verschwendest.

Wie oft denkst du dagegen negativ?

Wie oft bist du unbewusst unglücklich darüber, schon wieder in die Arbeit, zum Studium oder in die Schule gehen zu müssen, dich schon wieder mit Dingen beschäftigen zu müssen, zu denen du eigentlich gar keine Lust hast?

Wie oft ärgerst du dich über deine Mitmenschen, weil diese beispielsweise im Straßenverkehr nicht so reagieren, wie du es dir vorstellst?

Hand aufs Herz! Versuche dich an die letzten Stunden zu erinnern: Überwiegen deine positiven oder deine negativen Gedanken?

Ich bin ein absoluter Freund von bildlicher Darstellung. Wenn wir uns eine Waage vorstellen, auf der alle unsere positiven und negativen Gedanken gegenübergestellt und abgewogen werden, dann überwiegen bei vielen Menschen leider die negativen Gedanken.

Die Gedanken-Waage würde folgendermaßen aussehen:

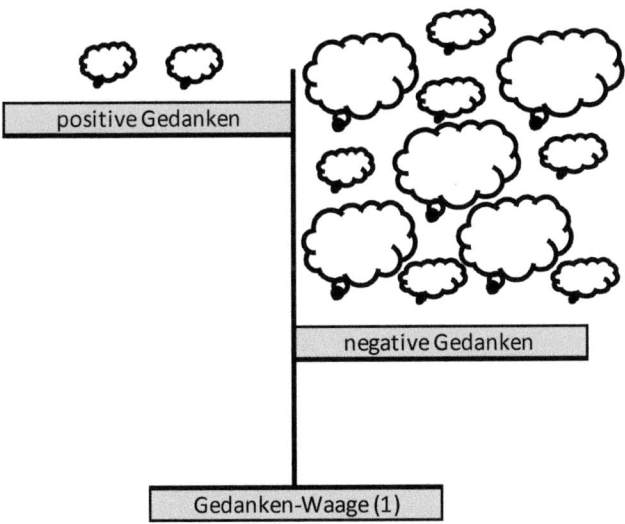

Ich gestehe und bin heute nicht stolz darauf, aber damals war ich tatsächlich ein Sklave meiner überwiegend negativen Gedanken. Zu meiner Verteidigung möchte ich anmerken, dass ich mir dessen gar nicht so bewusst war. Erst als ich mir Gedanken über meine Gedanken gemacht habe, ist mir aufgefallen, wie leicht es doch ist, negativ und wie schwer es mir fällt überwiegend positiv zu denken. Die Empfehlung positiv zu denken war für mich grundsätzlich nichts Neues. Ich bin vermutlich auch nicht die Erste, die dir sagt, dass du positiv denken sollst. Aber dass meine Gedanken als Frequenzen ins Universum gesendet werden, die wieder an mich zurück übermittelt werden, war für mich absolut neu. Das kannte ich bis zum damaligen Zeitpunkt nicht. Je mehr ich darüber nachdachte, umso mehr waren die Erkenntnisse für mich absolut plausibel.

Heißt es denn nicht auch,

ein Unglück kommt selten allein?

Oder ist es nicht ein ungeschriebenes Gesetz, dass ein mit Erdbeermarmelade beschmiertes Brot, wenn es herunterfällt, sicher auf die Erdbeermarmeladenseite fällt?

Es sind aber nicht nur unsere Gedanken, die diese Frequenzen in unserem Umfeld erzeugen, die dann wieder an uns zurückgesendet werden. Es sind vielmehr die Gefühle, die wir mit unseren Gedanken erzeugen. Denn unsere Gefühle verstärken die Frequenz um ein Vielfaches.

So habe ich angefangen, meine Gedanken bewusster wahr zu nehmen und positiver zu denken als ich es vorher getan habe. Anfangs fiel mir das gar nicht so leicht und ich habe mich immer wieder dabei ertappt, dass negative Gedanken aufgestiegen sind.

Aber genau diese Achtsamkeit gegenüber meinen eigenen Gedanken, war mit sehr viel Übung verbunden. Und auch heute noch, darf ich mich ganz bewusst daran erinnern, aufmerksam zu sein!

Für mich ist es ein großes Geschenk zu wissen, dass ich so vieles von dem was ich denke und fühle selbst steuern kann. Mit der folgenden Übung möchte ich dir diese Erkenntnis veranschaulichen. Sie soll dir einen kleinen Einblick darüber vermitteln, welche Möglichkeiten wir über uns selbst haben.

Je nachdem, mit welcher Vorerfahrung du in diese Übung gehst, wird dir die Umsetzung leichter oder schwerer fallen. Vielleicht benötigst du auch mehrere Anläufe, bevor es dir gelingt, dich darauf einzulassen. Probiere es gerne aus:

Ich möchte dich jetzt dazu einladen, dir bewusst darüber zu werden, welche deiner Gedanken positive Gefühle in dir auslösen und welche deiner Gedanken negative Gefühle in dir verstärken.

Merke dir jeweils einen negativen und einen positiven Gedanken, mit dem jeweiligen Gefühl.

Nimm dir einen Moment Zeit und atme tief ein und wieder aus. Denke nun an den negativen Gedanken und nimm das Gefühl, welches du empfindest ganz bewusst wahr.

Wo und was fühlst du genau? Versuche es für dich zu beschreiben.

Ist es ein dunkles oder dumpfes Gefühl?

Ist es schwer oder leicht?

Ist es eckig oder rund?

Ist es laut oder leise?

Fühlt es sich kalt oder warm an?

An welcher Stelle deines Körpers nimmst du es wahr?

Spürst du es vielleicht im Hals oder im Bauch oder an einer anderen Stelle in deinem Körper?

Versuche es ganz bewusst wahrzunehmen. Wie stark fühlt es sich an?

Nimm es einfach nur wahr und beobachte es.

Stelle dir nun eine Art Regler vor, wie der Lautstärkenregler an einem Radio. Stelle dir vor, dass du die Möglichkeit hast, dieses Gefühl mit diesem Regler bewusst zu verstärken oder bewusst abzuschwächen.

Dreh gedanklich den Regler nach unten und spüre, wie das Gefühl weniger intensiv wird. Nimm ganz bewusst wahr, wie es schwächer wird. Kannst du erkennen, dass es plötzlich nicht mehr so dunkel ist? Kannst du wahrnehmen, dass es sich immer leichter anfühlt, je weiter du den Regler nach unten drehst?

Atme tief ein und aus. Sieh dich in dem Zimmer um, in dem du dich gerade befindest. Welche Farbe in dem Zimmer dominiert?

Atme noch einmal tief ein und aus. Jetzt betrachte bitte deinen positiven Gedanken. Welches Gefühl löst er in dir aus?

Wo nimmst du dieses Gefühl in deinem Körper wahr?

Wie genau fühlt es sich an?

Ist es ein helles oder durchsichtiges Gefühl?

Hat es eine Farbe? Wenn ja, welche?

Ist es leicht oder schwer?

Ist es warm oder kalt?

Versuche es so gut wie möglich für dich zu beschreiben.

Und dann denke dir wieder den Regler von eben. Dreh an diesem Regler und verstärke dieses wundervolle Gefühl, welches in dir hochkommt. Verstärke die Farbe. Verstärke die Form.

Bade dich in diesem Gefühl. Kannst du den Regler noch ein bisschen weiterdrehen?

Bleibe so lange in diesem wunderbaren Gefühl, wie es dir guttut. Und wenn es sich für dich richtig anfühlt, dann atme tief ein und tief aus und komme wieder ganz bei dir an.

Mit dieser kleinen Übung war es mir wichtig, dir zu zeigen, was genau ich mit „Frequenz" meine. Wenn du die Übung jetzt in Gedanken Revue passieren lässt, dann wird dir der Unterschied zwischen deinen negativen Gedanken/Gefühlen und deinen positiven Gedanken/Gefühlen sicher deutlich auffallen.

Die Übung sollte auch zeigen, dass es machbar ist, Gedanken und Gefühle ganz bewusst zu wechseln.

Doch mit dieser Erkenntnis haben sich für mich auch wieder neue Fragestellungen ergeben.

Wie kann man denn positiv denken,
wenn negative Dinge passieren?

Ich habe mich gefragt, ob es wirklich sinnvoll sein kann, das Leben durch eine rosarote Brille zu sehen und ob ich mich dadurch in eine Welt verliere, die in Wirklichkeit gar nicht existiert. Lebe ich dann in einer Traumwelt?

Wie realistisch ist mein Leben in diesem Fall tatsächlich noch?

Auf der anderen Seite haben sich mir auch die Fragen gestellt: Wie realistisch war es denn vorher?

Habe ich es mir vorher zu negativ gedacht?

Gibt es eine allgemeingültige Realität, die für uns alle gleich ist?

Oder leben wir alle in einem kleinen Universum für uns alleine und können selbst entscheiden, was wir positiv oder negativ bewerten wollen?

Welche Antworten hast du für dich auf diese Fragestellungen?

Dieses Buch soll zum Nachdenken anregen. Es soll manchmal einen Perspektivwechsel ermöglichen.

Was es jedoch ganz sicher nicht soll ist, Vorgaben zu machen oder auf jede Frage die ultimative Antwort zu haben.

Jetzt bist du wieder an der Reihe. Wir machen eine kleine Ist-Aufnahme.

Wo befindest du dich in deinem Transformationsprozess? Welche Fragen stellst du dir?

Wenn du über deine Gedanken in den letzten 48 Stunden nachdenkst, waren diese zum Großteil positiv oder negativ?

Auf welcher dieser fünf Grafiken der Gedanken-Waage, die du nun bereits vorm Grundsatz her kennst, findest du deine aktuelle Situation wieder? 1, 2, 3, 4 oder 5?

Gehörst du zu den Menschen, die grundsätzlich negativ denken?

Dann findest du dich in der Grafik der Gedanken-Waage (1) wieder.

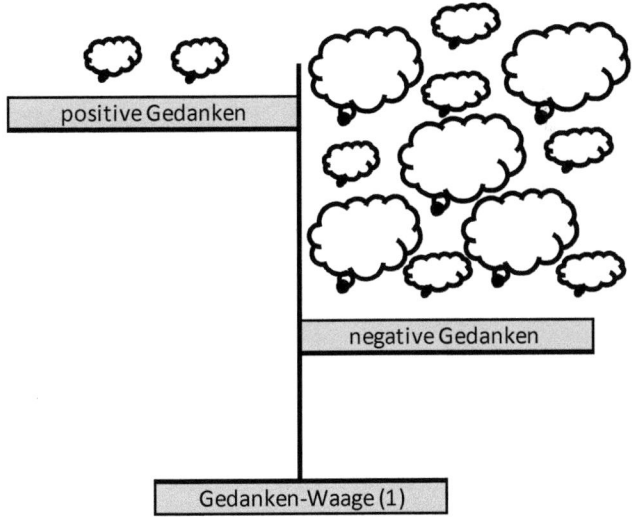

Haben in den letzten zwei Tagen zwar deine negativen Gedanken überwogen, aber du hattest auch einen nicht unerheblichen Anteil an positiven Gedanken, dann veranschaulicht dies die Gedanken-Waage (2).

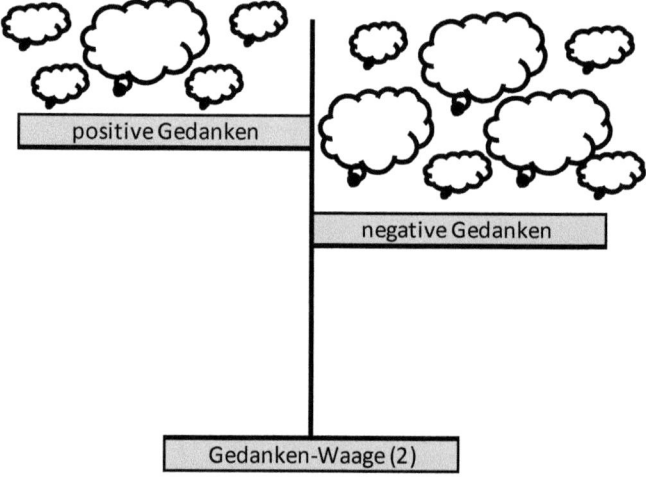

Gleichen sich deine positiven und negativen Gedanken über mehrere Stunden hinweg aus, zeigt die Gedanken-Waage (3) deine aktuelle Situation.

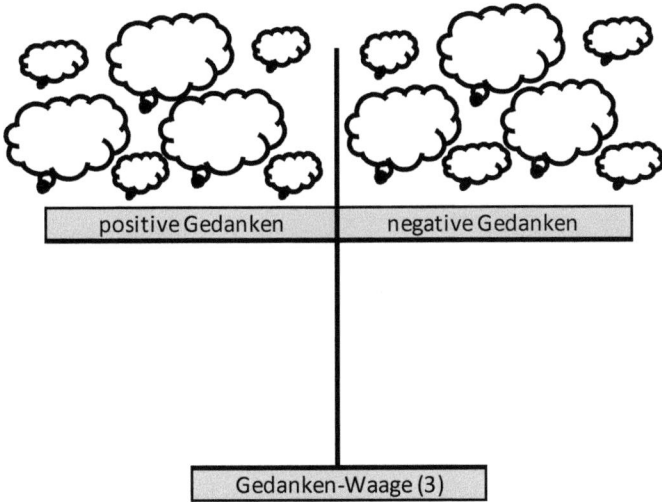

Gehörst du bereits zu den glücklichen Menschen, deren positive Gedanken überwiegen, findest du dich in der Gedanken-Waage (4) wieder.

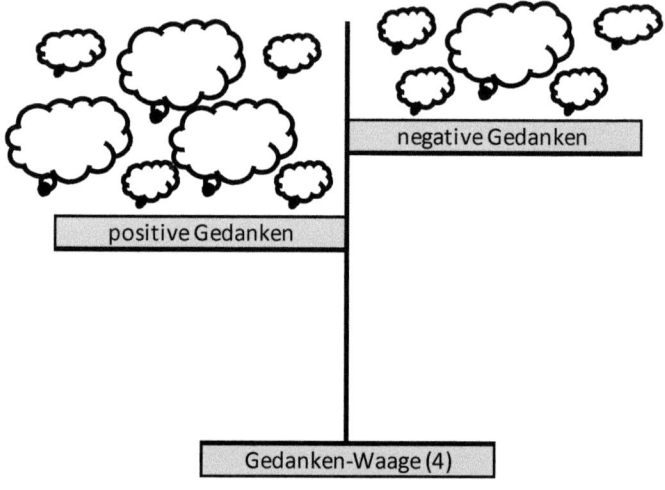

Den optimalen Gedanken-Zustand zeigt die Gedanken-Waage (5).

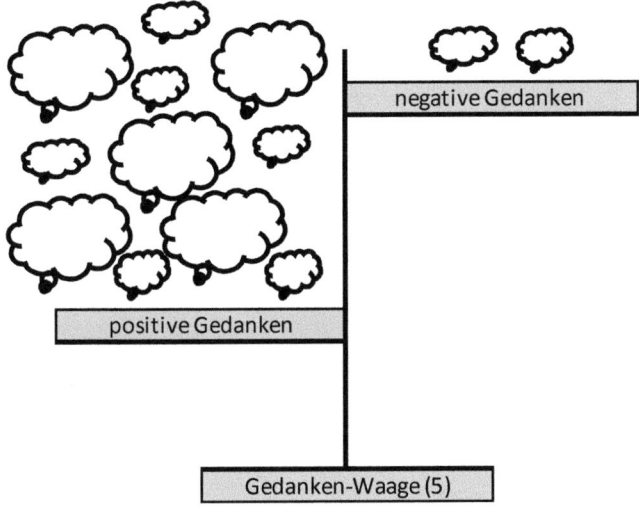

Denn in diesem Fall spielen die negativen Gedanken kaum eine Rolle. Egal in welcher Situation und mit welcher Herausforderung umgegangen werden muss. Jemand, der sich in dieser Gedanken-Welt befindet, zieht sich stets die positiven Aspekte in sein Leben.

Überlege dir genau, wo du dich wiederfindest und sei ehrlich mit dir.

Wo ist dein Ist-Zustand?

Zeichne in der untenstehenden Grafik deine eigene Gedankenwaage ein. Je nachdem welche deiner Gedanken, ob positiv oder negativ überwiegen, umso schwerer sind diese und umso tiefer hängt die Waage

Denn nur dann, wenn du weißt, wo du dich befindest, kannst du für dich ein Ziel definieren, wohin du möchtest. Unser höchstes Ziel sollte es sein, den Optimal-Zustand (5) zu erreichen.

Wenn du innerhalb deiner Ist-Analyse allerdings festgestellt hast, dass du dich gerade auf der Gedanken-Waage (2) befindest, dann solltest du dir aber nicht vornehmen, ab morgen den Optimal-Zustand erreicht zu haben, denn bei unseren Gedanken verhält es sich wie bei unseren Muskeln – sie wollen trainiert werden. Nimm dir deshalb vor, in den nächsten zwei Wochen Gedanken-Waage (3) zu erreichen.

Frage dich dabei täglich, wo du aktuell stehst, warum du dir evtl. mehr negative Gedanken gemacht hast, als du eigentlich wolltest und wie du deinem Ziel bereits am nächsten Tag einen Schritt näherkommen kannst.

Findest du dich nach den zwei Wochen auf Gedanken-Waage (3) wieder, dann setze dir als nächstes Ziel, in den darauffolgenden zwei Wochen Gedanken-Waage (4) zu erreichen.

Solltest du dich noch nicht an deinem Ziel befinden, dann gebe dir mehr Zeit dafür. Jeder Tag an dem du dir bewusst wirst, was genau du über dich und andere Personen denkst, ist ein wertvoller Tag. Du arbeitest aktiv an dir und deiner Einstellung und das bringt dich Schritt für Schritt an dein Ziel.

Wichtig ist, dass du nicht aufgibst. Es kann durchaus passieren, dass du einen absolut erfolgreichen Tag mit überwiegend positiven Gedanken erlebt hast und extrem stolz auf dich bist und am nächsten Tag passieren dir Ereignisse, die dich dazu verleiten, dass deine negative Gedankenwelt dominiert. In diesem Fall fange nicht an, dich zu bewerten, sondern sei stolz darauf, dass dir die Situation bewusst ist und starte den nächsten Tag wieder frisch und positiv!

Ich verspreche dir nicht zu viel, wenn ich dir sage, dass dir diese Übung täglich leichter fallen wird. Verschiedene Gedankengänge wirst du relativ schnell ins positive überleiten können, bei anderen wird es länger dauern.

Wenn negative Gedanken
nicht gehen wollen

Vielleicht kennst du die Situation, dass dich ein negativer Gedanke einfach nicht mehr loslassen will? Du schaffst es nicht, von ihm los zu kommen. Er scheint dich regelrecht zu verfolgen.

Je nachdem, wie fest der negative Gedanke bereits in dir verankert ist, kann dir die folgende Übung dabei helfen, ihn im wahrsten Sinne des Wortes abzustreifen.

Im Idealfall übst du anhand eines noch nicht so festsitzenden Gedankens.

Nimm dir die nächsten Minuten wieder ganz bewusst für dich Zeit.

Stell dich aufrecht hin und atme tief ein und aus.
So oft, wie es sich für dich gut anfühlt.

Nimm nun den negativen Gedanken ganz bewusst wahr.

Nimm deine rechte Hand und fange mit deiner Kopfspitze an. Beginne damit, den negativen Gedanken abzustreifen.

Nicht zu fest, aber bestimmend. Von oben nach unten. Vom Kopf, über deinen Hals, deine Arme, deinen Oberkörper, bis hin zu deinen Beinen.

Streife den negativen Gedanken achtsam, ruhig und mit angenehmen Druck von dir ab.

Fühle, wie du ihn loslässt. Fühle, wie leicht du dich anfühlst. Und dann lass ihn gehen.

Wenn es dir guttut, dann wiederhole die Übung.

Wenn du möchtest, lächle in dich hinein und bedanke dich bei dir, dass du offen genug warst, um diese Übung zu machen.

Auch hier gilt, die Übung macht den Meister. Je öfter du diese Technik für dich anwendest, umso leichter wird sie dir fallen.

Habe Spaß daran,
an deiner Persönlichkeit zu arbeiten!

Mit Spaß an der Sache fällt mir vieles leichter. Dir geht es vielleicht ähnlich! Mir hilft es sehr, verschiedene Dinge, die ich ausprobieren möchte, wie ein neugieriger Forscher zu betrachten. Ich nehme mir also zunächst etwas vor und dann beobachte ich einerseits mich selbst dabei und gleichzeitig aber auch die Reaktionen meiner Mitmenschen.

Wenn wir etwas verändern wollen, beispielsweise an unseren Gefühlen, dann macht es Sinn, auch ganz bewusst die eigenen Verhaltensmuster zu verändern. Auch wenn es erst einmal schwerfällt.

Was ich damit meine?

Wenn es mir schlecht geht und ich mich nicht gut fühle, dann habe ich zunächst keine rechte Lust zu lachen oder fröhliche Musik zu hören.

Doch melancholische Musik in einem melancholischen Moment, wirkt wie ein Verstärker dieser negativen Stimmung. Hängende Schultern und ein trauriger Blick, wirken ebenfalls verstärkend.

In diesen Momenten macht es absolut Sinn, auch wenn man sich nicht danach fühlt, genau das Gegenteil zu tun.

Also, die Schultern nach hinten zu ziehen, den Brustkorb nach vorne und ein breites Grinsen aufzusetzen. Wenn du möchtest höre dazu deinen Lieblingssong, der dir gute Laune bereitet.

Probiere es gerne aus. Und wenn dein innerer Kritiker dagegen ist, versuche ihn zu überzeugen, den Forscher in dir zu wecken und zu beobachten, was passiert. Erlaube dir ein paar Minuten in der neuen Situation und sei gespannt, was passiert!

Der Forscherin in dir, stelle ich jetzt eine kleine Aufgabe. Es ist möglich, dass sie dir einfach erscheint. Aber sie kann erstaunlich wirken. Sowohl auf dich selbst und auf deine Mitmenschen!

Du lächelst heute alle Menschen an, die dir über den Weg laufen. Du kannst auch mit den Augen lächeln! Was fällt dir auf? Wie viele Menschen lächeln dir zurück?

Was denkst du über die Menschen, denen es schwerfällt, dir zurück zu lächeln?

Verurteilst du diese Mitmenschen vielleicht innerlich? Hast du dir schon einmal Gedanken darübergemacht, dass diese Person aktuell ein Problem oder schwere Schicksalsschläge erfahren haben könnte? Genau dann, wenn dir jemand nicht zurück lächelt, benötigt diese Person dein Lächeln besonders. Schon Buddha hat gesagt: „Lächle und die Welt verändert sich".

Wenn du nun mit einem Lächeln auf dem Gesicht und unvoreingenommen durch deinen Tag gehst, was genau spürst du dann?

Kann es sein, dass du genau diese Frequenz, von der du bereits erfahren hast, spüren kannst?

Du kannst diese unsichtbare Frequenz auch ganz bewusst für dich positiv verändern und verstärken! Nämlich durch Dankbarkeit!

Ich gestehe, dass ich zum damaligen Zeitpunkt viele Personen, materielle Dinge, Geschehnisse und Ereignisse meines Lebens als selbstverständlich angesehen habe. Bewusste Dankbarkeit habe ich dafür nicht empfunden.

Natürlich war ich in manchen Situationen dankbar. Aber wenn ich ehrlich bin, eher im Kopf, weniger im Herzen.

Als ich jedoch angefangen habe, für viele Dinge in meinem Leben ganz bewusst dankbar zu sein und diese Dankbarkeit wirklich in meinem Herzen zu spüren, war das ein regelrechter „Gamechanger".

Ich habe damit begonnen, mir jeden Tag eine kleine Liste voller Personen, Ereignisse, Dinge, für die ich so unglaublich dankbar bin, handschriftlich zu erstellen.

Diese Liste ist ein Geschenk und sie ist unendlich lange und bereichert mein Leben seitdem ungemein.

Denn genau das steckt hinter dem kleinen Wörtchen „Achtsamkeit". Es geht nicht darum, kopflos durch das Leben zu rennen, um irgendwann aufzuwachen und zu merken, dass es vielleicht vorbei ist. Es geht darum, jeden Tag Bewusstsein zu schaffen. Inne zu halten. Gefühle zu fühlen und auch darum, dankbar zu sein!

Erstelle dir deshalb täglich eine Liste mit Dingen/Personen/Ereignissen für die du dankbar bist!

Mit jedem „Punkt" auf deiner Liste, darfst du dich ganz gezielt hineinversetzen!

Fühle die Dankbarkeit in deinem Herzen. Versuche diese Dankbarkeit zu verstärken. Hülle dich ein in dieses wundervolle Gefühl.

Du kannst dir jeden Tag ein paar Minuten Zeit nehmen und deine Liste erweitern. Oder du wiederholst auch den ein oder anderen Punkt, je nachdem, wie es sich für dich gut anfühlt.

Es geht darum, dich in dieses Gefühl zu bringen. Deinen Fokus auf die Bestandteile in deinem Leben zu setzen, die du bereits hast.

Außerdem kannst du die Liste auch während deines Tages in Gedanken erweitern. So handhabe ich es beispielsweise, wenn ich beim Bäcker in der Warteschlange stehe und darauf warte, bedient zu werden. Ich sehe diese unglaubliche Vielzahl unterschiedlicher Backwaren und bin so dankbar, dass ich daraus wählen darf. Ich bin dankbar, für den Bäcker, der früh morgens aufgestanden ist und dieses Angebot bereitgestellt hat. Ich bin dankbar, für die Bäckereifachverkäuferin, die geduldig ihre Kunden bedient und dabei immer ein freundliches Wort bereithält und ich bin umsichtig, mit den Personen hinter mir, die den aktuellen Moment scheinbar nicht genießen können, sondern ungeduldig von einem Bein auf das andere Bein wechseln, während ich ihnen ein wertschätzendes Lächeln schenke.

Wenn es dir jetzt so geht, wie mir vor einigen Jahren, dann denkst du dir wahrscheinlich, dass dein Weg zum Glück anstrengender ist, als ursprünglich geglaubt. Es wirkt nur anstrengend, weil dein innerer Schweinehund gerne an Altbekanntem festhält. Auch dann, wenn das Altbekannte unglücklich macht.

Es geht gar nicht darum, dass du die unterschiedlichen Bausteine stur „abarbeitest". Es geht vielmehr darum, deinen Fokus zu verändern, zu schärfen und deine Gefühle neu auszurichten.

Es geht um ein, vielleicht ganz neues, Lebenskonzept – eine Lebensphilosophie. Deine Lebensphilosophie! Und bevor du sie etablieren kannst, so dass sie wie selbstverständlich funktioniert, darfst du, verschiedene Bausteine kennen lernen und entscheiden, ob sie einen Platz in deinem neuen Alltag verdient haben.

Und wenn sie diesen Platz verdient haben, dann geht es darum, dass du sie dir angewöhnst und eine Gewohnheit oder eine Routine etablierst. Und plötzlich sind sie aus deinem Leben gar nicht mehr weg zu denken! Hört sich doch gut an, oder?

Und plötzlich bekommt das Sprichwort „Jeder ist seines Glückes Schmied" eine ganz neue Bedeutung. Denn es stimmt. Du hast die Wahl.

Aus meiner Erfahrung heraus kann ich dir sagen, es lohnt sich! Du bist auch nicht alleine, wenn du bei der ein oder anderen Übung Schwierigkeiten hast.

Anfangs ist es mir beispielsweise extrem schwergefallen, so dankbar zu sein, dass ich diese Dankbarkeit aus tiefstem Herzen empfunden habe. Mit der Zeit ist mir dies aber immer leichter gefallen. Ich habe mir, und das mache ich auch immer noch, täglich bewusst Zeit für Dankbarkeit genommen. Mittlerweile ist es aber so, dass ich auch untertags in meinem Unterbewusstsein aufrichtige Dankbarkeit empfinde, ohne dies bewusst gedanklich angesteuert zu haben. Für mich gibt es dazu die unterschiedlichsten Anlässe, neben dem bereits beschriebenen Besuch beim Bäcker.

Ob es sich um ein entspanntes und lustiges Familientreffen handelt, ein schöner Abend mit Freunden, eine gelungene Präsentation in der Arbeit oder einfach ein wunderschöner Sonnenaufgang und das Zwitschern der Vögel.

Ich kann dir mittlerweile so viele Dinge aufzählen, für die ich unendlich und aufrichtig dankbar bin, um noch ein Buch füllen zu können. Dieses tiefe Gefühl der Dankbarkeit ist so erfüllend, dass sich die positiven Gedanken verselbständigen.

Letztendlich greift das Eine ins Andere und mittlerweile fallen mir sowohl die positiven Gedanken als auch die aufrichtig empfundene Dankbarkeit absolut leicht.

Wenn du den ersten Schritt zu deiner neuen Lebensphilosophie gehen möchtest, dann nutze gerne die folgenden Zeilen, für deinen jetzigen Dankbarkeitsmoment!

Deine Dankbarkeits-Liste:

_____

_____

_____

_____

_____

_____

_____

_____

_____

Welche Veränderung merkst du für dich nach den ersten Tagen?

Ab wann wird Dankbarkeit in Verbindung mit deinen positiven Gedanken zu deinem ganz normalen Tagesinhalt und somit zu deiner neu gelernten Lebenseinstellung?

Aber keine Angst, mir ist durchaus bewusst, dass wir in gewisser Weise alle im Alltag gefangen sind. Auch mir fällt es gerade in stressigen Zeiten schwer, mir die Auszeit zu nehmen.

Gerade dann brauche ich diese aber dringender denn je. Aus diesem Grund mache ich mir bewusst, dass ein Tag 24 Stunden hat. Über diese Zeit verfügen wir alle.

Die Frage ist nur, wie jeder von uns diese Zeit am Sinnvollsten einsetzt. Gibt es im Laufe eines Tages denn tatsächlich nicht wenigstens fünf bis zehn Minuten, um sich seinem eigenen Glück zu widmen?

Wie oft verbringst du deine Zeit unnötig vor dem Fernseher, mit dem Tablet oder deinem Smartphone. Hier kannst du dir sehr einfach ein paar Minuten Zeit verschaffen, die du sinnvoller nutzen kannst.

Ich handhabe es aus diesem Grund folgendermaßen: Im normalen Alltag sind mir kraftvolle Gewohnheiten unglaublich wichtig geworden, die mich darin unterstützen, achtsam und gelassen zu sein. In stressigen Zeiten plane ich dazu mindestens fünf bis zehn Minuten für mein persönliches Glück und Glücksgefühl ein.

Überlege dir nun, wie du deinen Tag in der Regel verbringst.

Wenn du davon ausgehst, dass wir alle 24 Stunden zur Verfügung haben, dann ziehst du acht Stunden ab um zu schlafen.

Noch einmal acht Stunden um zu arbeiten und vier Stunden um sonstige Dinge zu erledigen wie essen, einkaufen, putzen und den Arbeitsweg zu bestreiten.

Bleiben vier Stunden täglich übrig.

Im folgenden Schaubild sind diese mit „deine Zeit" ausgewiesen.

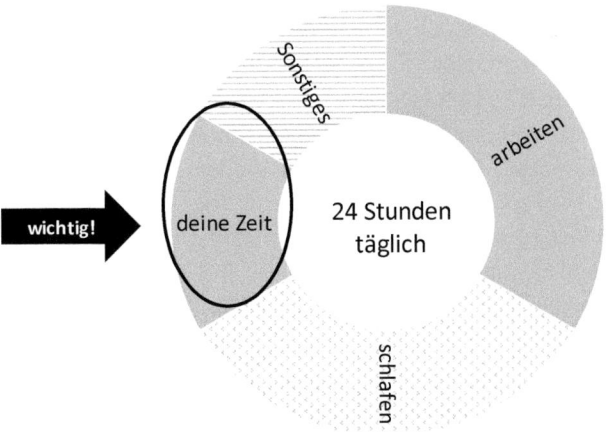

Wie verbringst du diese freien Stunden täglich?

Entscheidest du dich für negative Nachrichten und unachtsame Filme im Fernsehen?

Verschwendest du deine Zeit im Internet oder am Smartphone und lässt dich leicht durch soziale Medien beeinflussen?

Oder entscheidest du dich bewusst dafür, dir etwas Gutes zu tun und beispielsweise Sport zu machen, einen Spaziergang an der frischen Luft oder dich mit einem guten Buch zurück zu ziehen?

Indem du dich gezielt hinterfragst, welche Zeitfenster du in deinem Tag konkret mit welchen Tätigkeiten nutzt, kannst du neue kraftvolle Gewohnheiten wie das Thema Dankbarkeit einfacher in dein Leben integrieren.

Vielleicht hilft es dir auch, jeden Tag ein kleines Dankbarkeitsritual in deinen Tagesablauf einzubinden. Uns Menschen fällt es leichter, wenn wir bestimmte Routinen entwickeln und uns feste Zeiten vornehmen, in denen wir bestimmte Dinge regelmäßig tun wollen.

Denke heute Abend bevor du einschläfst, an all die Begebenheiten, die dir im Laufe des Tages gutgetan haben und sei aufrichtig dankbar dafür.

Du wirst sehen, wie sich dein Leben positiv verändert. Im Idealfall fängt die Veränderung sofort mit einer gesunden und glücklichen Schlafphase an.

Ein wunderschönes Zitat von Sir Francis von Verulam Bacon trifft den Nagel auf den Kopf:

> **„Nicht die Glücklichen sind dankbar.**
> *Es sind die Dankbaren,*
> **die glücklich sind."**

Sobald du die Dankbarkeit tief in deinem Herzen spüren kannst, fühlst du dich unbeschreiblich glücklich. In diesem Moment kannst du die Aussage dieses Zitats voll und ganz verinnerlichen.

Das Glück mit den
richtigen Motivatoren

Ich habe mich bereits mitten in meinem selbstbestimmten Glücks-Training befunden, als ich mir mit meinem Mann, eher durch Zufall oder nenne es Glück, im Kino einen Film angesehen habe. Im Rahmen eines Events wurde der Film vorgestellt und im Anschluss durch die Regisseure und Hauptdarsteller diskutiert. Bei dem Film hat es sich um eine Art Dokumentation gehandelt. Die Regisseure haben die beiden Trainer, um die es ging, mehrere Monate begleitet und die Quintessenzen für den Zuschauer zusammengefasst.

Es wurden Ausschnitte aus Veranstaltungen gezeigt, in denen tausende von Menschen motiviert wurden, ihr Leben positiv zu leben, zu verändern oder zu überdenken. Ich war extrem begeistert von den Filminhalten und die ansteckende Begeisterungsfähigkeit der beiden Protagonisten und allein die 75 Minuten Filmlänge haben bei mir ausgereicht, um in mir das Feuer, dass bereits in mir schlummerte, zu entfachen.

Ich wollte mehr von dieser Art der Motivation und Information. Am Ende des Films waren die Regisseure sowie die beiden Protagonisten vor Ort und haben sich den Fragen des Publikums gestellt und weitere Hintergrundinformationen gegeben.

Bevor die Diskussion zu Ende war, hat einer der Protagonisten die Einladung an uns, das Publikum, ausgesprochen, die zwei-Tages-Einführungsseminare zu besuchen. Daraufhin habe ich mit meinem Mann sofort den Kontakt gesucht und die ausgesprochene Einladung angenommen.

Wie kann man denn so viel Glück haben? Ausgerechnet in meiner Glücks-Trainingsphase sehe ich zufällig einen Film, indem zufällig genau mein Motto, mit dem ich mich auseinandersetze, thematisiert wird und dann bekommen wir auch noch eine Einladung zu einem zweitägigen Seminar ausgesprochen.

Eigentlich unglaublich.

Aber genauso hat es sich zugetragen. Ich würde sagen, es handelt sich dabei um die Kombination aus meinen positiven Gedanken in Verbindung mit der magischen Anziehungskraft des Universums.

Und soll ich dir etwas sagen?
Ich bin unglaublich dankbar dafür!

Wenn du ein Skeptiker bist, würdest du mir jetzt kontern, dass es sich doch nur um einen Zufall gehandelt haben kann und dass das Ganze gar nichts mit mir persönlich zu tun hatte, denn immerhin wurde das Publikum im gesamten Kinosaal zu dem Seminar eingeladen. Das mag vielleicht sein. Aber was meinst du, wie viele Personen, die im Publikum saßen, haben die Einladung angenommen und seitdem tatsächlich das Seminar besucht?

Das Universum bietet uns Möglichkeiten und öffnet uns Türen. Es liegt an uns, diese Möglichkeiten zu ergreifen und durch die geöffneten Türen zu gehen. Und hier ist mein Appell an dich: Wenn dir das Universum eine Möglichkeit bietet, dann nutze sie. Wenn dir Türen geöffnet werden, dann gehe hindurch.

Du siehst also, deine Übungen werden dein Leben glücklicher machen. Wichtig dabei ist, dass du mit offenen Augen durchs Leben gehst und deinen Fokus schärfst.

Indem ich damals durch diese Tür gegangen bin, hat sich mir plötzlich eine ganz neue Welt geöffnet. Dies war für mich der Anstoß. Seitdem habe ich Seminare besucht und mich auf dem Gebiet ganz gezielt weitergebildet. Dadurch ist es mir möglich, die Methoden und Techniken wiederum beispielsweise in Form von diesem Buch weiter zu geben.

Welche Dinge passieren dir jetzt, die nicht selbstverständlich sind und deinen zunehmend positiven Gedanken zuzuordnen sind?

Bist du dir dessen wirklich bewusst?

Bist du dafür aufrichtig dankbar?

Welche neue Welt öffnet sich dir dadurch?

Diese Fragen kannst du dir jeden Tag aufs Neue stellen und du wirst erkennen, dass dir viel mehr positive Dinge geschehen, als du bisher vielleicht vermutet hast. Wenn du dich jetzt noch dazu entscheidest, diese positiven Ereignisse jeden Abend zu notieren, dann kannst du dir direkt vor Augen führen, welche Anziehungskraft du ausgesendet hast und welche Erfolge du dadurch bewirkt hast!

Dadurch motivierst du dich selbst, am Ball zu bleiben und verhinderst in alte Denk- und Handlungsmuster zu verfallen.

Aber:
Was tun, in negativen Situationen?

Wie jeder von uns, werde auch ich leider in meinem Leben mit negativen Situationen konfrontiert. Und wenn diese Momente auf mich einströmen, ist es mir nicht möglich, sofort den Schalter umzudrehen und nur positive Gedanken zuzulassen.

Es geht auch gar nicht darum, nur mit einer rosaroten Brille durchs Leben zu gehen. Zu leben heißt Erfahrungen zu sammeln, Emotionen zuzulassen – sowohl im positiven, als auch im negativen Kontext.

Manchmal passieren einfach Dinge, die nicht vorhersehbar sind. Dann habe ich das Gefühl in ein großes schwarzes Loch zu fallen und weiß in den ersten Momenten keine Lösung.

Aus meiner Erfahrung heraus, muss man solche Situationen dann auch einfach erst einmal auf sich wirken lassen.

Negative Gefühle wie Trauer, Angst, Traurigkeit, Hilflosigkeit oder Fassungslosigkeit müssen zugelassen werden. Denn wie soll man das Glück und all seine positiven Seiten schätzen können, wenn man die negativen Aspekte gar nicht kennt?!

Allerdings ist es umso wichtiger, sich in dem schwarzen dunklen Loch nur bis zu einem gewissen Grad zu verlieren, um dann wieder den Blick Richtung Licht zu wenden.

Und genau das ist jetzt mein Appell!

Diese negativen Gefühlswelten dürfen nicht Überhand nehmen. Du darfst sie zulassen, aber sie dürfen dich nicht komplett einnehmen. Du bist die Person, die die Kontrolle innehat und du darfst diese Kontrolle bewusst übernehmen.

Es ist wichtig, dir genau dessen bewusst zu sein: Du hast die Kontrolle! Und du entscheidest!

Also frage dich aktiv, welche positiven Aspekte kannst du aus dieser Situation ziehen?

Bei allem Schmerz, den du empfindest, gibt es einen anderen Blickwinkel, der es dir erlaubt positiv zu denken?

Welche Auswirkungen hat die Situation auf dein weiteres Leben?

Verändert sich dein Leben dadurch?

Was kannst du aktiv dafür tun, dass sich diese Veränderung positiv auf dich auswirkt?

Vor einigen Jahren wurde ich mit einem Autounfall konfrontiert. Zunächst war es ein wunderbarer Tag, ich habe mich richtig gut gefühlt. Nachdem ich in mein, zu diesem Zeitpunkt genau neun Monate altes, Auto eingestiegen und losgefahren bin, hat es nicht lange gedauert bis ich von der Fahrbahn rechts abgekommen bin und eine Leitplanke von vorne bis hinten gestreift habe. Mein Auto kam ins Schleudern, ich hatte damit zu kämpfen wieder die Kontrolle dafür zu erlangen und habe dafür auch die Gegenfahrbahn in Anspruch nehmen müssen. Danach war ich wie in Trance.

Wichtig war, die Sachbeschädigung an der Leitplanke zu melden und dann gesund und munter zu Hause anzukommen. Als ich das genaue Ausmaß meiner schlichten Unachtsamkeit wahrgenommen habe, hat mich fast der Schlag getroffen. Die komplette rechte Seite meines so gut wie neuen Wagens war beschädigt.

Dieses schreckliche Ereignis hat mich in den nächsten Tagen wie ein dunkler Schatten eingehüllt.

Wie konnte das passieren?

Was wäre gewesen, wenn ein anderes Auto hinter mir gefahren wäre?

Was wäre gewesen, wenn in diesem Augenblick Gegenverkehr gekommen wäre?

Hätte ich einer anderen Person Schaden zugefügt?

Hätte eine andere Person oder ich den Crash überhaupt überlebt?

Die Fragen, die ich mir gestellt habe, gingen alle in diese Richtung. Ich habe mich in dem schwarzen dunklen Loch immer weiter verloren. Die Frage, wie ich es schaffe, wieder heraus zu kommen, hat sich mir, in den ersten Tagen danach, gar nicht gestellt.

Erst als ich mich nach und nach nicht mehr mit den negativen Aspekten beschäftigt habe, sondern dankbar war, für das Glück, welches ich in dieser Situation hatte, ist es mir langsam gelungen, das schwarze Loch zu verlassen. Als wirklich hilfreich habe ich Gespräche mit meiner Familie und meinen Freunden empfunden.

Ich kann mich noch ganz genau daran erinnern, wie schwer es mir gefallen ist, gedanklich wieder in mein normales Leben zurück zu kehren. Aus diesem Grund liegt es mir fern, dich mit einfachen Parolen zufrieden stellen zu wollen.

In solchen Situationen benötigt man einen starken Willen und innere Widerstandsfähigkeit. Es ist kein einfacher Weg. Wenn du dir aber die positiven Aspekte immer mehr ins Bewusstsein rufst, als dir die (teilweise auch unbewusst) negativen Gedanken zu schaffen machen, dann bist du auf dem richtigen Weg.

Gib dir die nötige Zeit!

Wenn du das Gefühl hast, du schaffst es nicht alleine aus der Situation heraus zu kommen, dann suche dir aktiv Hilfe. Denn auch die Annahme von externer Hilfe ist eine persönliche Stärke!

Diese Erfahrung zeigt sehr deutlich, dass unsere Energie dorthin fließt, wo wir unsere Aufmerksamkeit hinlenken. Anfangs, als ich mich immer weiter auf dieses schwarze Loch hinbewegt habe, war ich von negativer Energie geradezu eingehüllt.

Meine Aufmerksamkeit war durch und durch von den negativen Gedanken gefangen und positive Energie hat es nur sehr schwer zu mir hindurch geschafft. Erst als ich meine Aufmerksamkeit wieder darauf gelenkt habe, konnte sich diese durchsetzen und hat mich wieder ans Licht gebracht. Damals war ich mir dessen nicht so sehr bewusst. Heute würde ich mir zutrauen, dieses schwarze Loch aus negativer Energie nicht mehr ganz so tief hinab zu steigen.

Wir Menschen wachsen in Krisensituationen. Wenn du darüber nachdenkst, welche Bedingungen zu einer Krise geführt haben, dann weißt du auch, was du das nächste Mal anders machen musst, um die gleiche Situation zu vermeiden.

Ein Perspektivwechsel kann unglaublich hilfreich sein.

Beispielsweise kannst du dir das Ereignis aus der Vogelperspektive ansehen. Als Beobachter und nicht mehr als Teil der Situation.

Daraufhin kannst du dir verschiedene Fragen stellen:

- Gibt es tatsächlich nur negative Gesichtspunkte oder

kannst du auch etwas Positives aus der Situation ziehen?

- Wie würdest du die Lage einschätzen, wenn diese nicht dir, sondern deinem besten Freund oder deiner besten Freundin passiert wäre?

- *Welche Ratschläge würdest du geben?*

Indem du die Dinge in einer gewissen Art und Weise leidenschaftslos also eher objektiv analysierst, fällt es dir leichter, Entscheidungen zu treffen, wie du damit umgehst.

Das heißt, du entscheidest dich bewusst für oder gegen eine innere Haltung und lässt dich nicht blindlings von deinen Gefühlen bestimmen.

Dem Alltagsstress
entfliehen

Im Alltag kann es immer wieder vorkommen, dass du dich gestresst fühlst und plötzlich nur noch funktionierst. Du ignorierst das aufsteigende Gefühl in dir, dass dir nicht guttut und machst einfach weiter.

Um in Stresssituationen wieder mehr bei dir anzukommen, empfiehlt sich daher die folgende kurze Übung:

Sobald du dir bewusst darüber bist, dass dir diese Situation gerade nicht guttut und du das Gefühl hast, dich zerteilen zu müssen, dann nimm dir ein paar Minuten Zeit.

Ich weiß, ausgerechnet in dieser Situation ist Zeit genau das, was du nicht hast! Trotzdem. Du wirst sehen, dass es dir danach bessergeht, der Druck erst einmal weg ist und du wieder viel produktiver deiner Tätigkeit nachgehen kannst.

Du nimmst dir also ein paar Minuten Zeit.

Gehe ganz bewusst aus der Situation heraus. Wenn du sitzt, stehe auf. Wenn du stehst, setze dich hin. Wenn du den Raum verlassen kannst, dann verlasse ihn. Entziehe dich der stressigen Situation, in der du dich gerade befindest.

Dann atmest du ein paar Mal tief durch. Du kannst gerne deine Augen schließen. Konzentriere dich auf deine Atmung.

Spüre deinen Herzschlag und erinnere dich daran, dass es dein Leben ist, in dem du dich gerade befindest. Es sind deine Spielregeln, nach denen du lebst. Du entscheidest, welchen Stress du möchtest und welchen nicht!

Und dann fühle in dich hinein. Wie geht es dir gerade? Gibt es einen Körperteil, der sich bemerkbar macht?

Nimm das Gefühl einfach nur wahr. Öffne deine Augen und betrachte deine Umgebung.

- Was siehst du?
- Was riechst du?
- Was hörst du?

Atme tief ein und wieder aus. Und wenn es sich für dich gut anfühlst, gehst du der Tätigkeit wieder nach, mit der du aufgehört hast.

Diese Übung dauert nicht lange. Wenn du es schaffst, die stressige Alltagssituation gezielt zu verlassen und dir diese Zeit zu schenken, wirst du merken, dass dir diese kurze Auszeit unglaublich guttut.

Du wirst im Anschluss daran wieder leistungsfähiger sein als vorher und vor allen Dingen wirst du dich danach besser und ausgeglichener fühlen.

Die eigene *Lebenseinstellung*

Hast du dir schon einmal Gedanken über deine Einstellung zum Leben gemacht?

Kennst du Redensarten wie
„Das Leben ist kein Ponyhof!",
„Das Leben ist kein Zuckerschlecken!" oder
„Das Leben ist kein Wunschkonzert!"?

Es gibt Personen, die leben nach diesen Annahmen. Aber warum ist das so?

Warum gibt es Mitmenschen, die sich mehr schlecht als recht durch das Leben quälen?

Ist das nicht sehr schade?

Jeder von uns hat nur dieses eine Leben und meiner Meinung nach sollte Jede das für sie Beste daraus machen.

Wenn du morgens erwachst und dir Gedanken wie „heute wird ein sch… Tag" durch den Kopf gehen. Wie soll dieser Tag denn noch gut werden?

Du hast dann doch schon die Erwartungshaltung, dass der Tag nur Schlechtes mit sich bringt. Am Ende des Tages wirst du dann sagen „habe ich es doch gewusst!".

Es ist wichtig, dass du deine Gedanken kennst und kontrollierst. Denn das was du denkst, wirst du auch gegenüber deinen Freunden, deiner Familie, deinen Arbeitskollegen und deinen Bekannten kommunizieren. Außerdem wirst du deinen Tagesablauf danach ausrichten und dir bestimmte Gewohnheiten zulegen. Letztendlich wird sich dein ganzes Leben genau darauf auslegen. Der Ursprung zu deiner Lebenssituation waren deine Gedanken. Du kannst entscheiden, ob diese positiv oder negativ sein sollen.

Ich möchte, dass du dir voll und ganz darüber bewusst bist, dass du dir deine Realität bis zu einem gewissen Maße selbst denkst.

Schauen wir uns dazu doch das folgende Beispiel an:

Stelle dir vor, du bist auf dem Weg zu Arbeit, Studium oder Schule und triffst einen guten Bekannten. Du lächelst ihn an, grüßt ihn höflich und möchtest ein kurzes Gespräch mit ihm anfangen. Er grüßt zwar zurück, ist aber nur kurz angebunden und verabschiedet sich schnellstmöglich.

Diese Situation geht dir den ganzen Tag nicht mehr aus dem Kopf und du denkst dir: „was ist los mit ihm? Kann er mich nicht mehr leiden? Ich habe genau gewusst, dass er mir die Situation von vor drei Tagen übelnimmt. Na, wenn er meint. Dann soll er doch machen was er möchte. Das nächste Mal grüße ich nur kurz und versuche gar nicht ein Gespräch aufzubauen. Der kann mich doch mal gerne haben."

Wie es weitergeht, überlasse ich deiner blühenden Fantasie. Tatsächlich war es aber so, dass sich dein Bekannter kurz vor dem Zusammentreffen mit dir, mit einem Angehörigen gestritten hat und ihm in dem Moment einfach nicht nach einem kurzen Gespräch mit dir zumute war. Seine Reaktion hatte überhaupt nichts mit dir zu tun.

Wir Menschen neigen dazu, uns zu wichtig zu nehmen. Jeder von uns denkt, die Welt dreht sich nur um ihn oder sie. Warum sollen wir diese Eigenschaft aber nicht für uns verwenden?

Im beschriebenen Fall steht es jedem frei vollkommen anders zu denken. Eine andere Möglichkeit wäre gewesen folgendes zu denken: „Der Arme, hat heute bestimmt wieder viel um die Ohren. Wir sehen uns bestimmt bald wieder, dann können wir unser kurzes Gespräch nachholen". In diesem Fall wäre das Thema für dich abgeschlossen, du würdest nicht den ganzen Tag über die Begegnung nachdenken und bei eurem nächsten Treffen hättest du deinem Bekannten gegenüber ein positives Gefühl.

Es liegt also ganz an dir, wie du eine Situation bewertest, was du darüber denkst und wie viel Beachtung du dem Ganzen schenkst.

Meine Aufgabe an dich ist deshalb:

Wenn du morgen früh im Bett liegst und aufwachst, dann sage dir bewusst „heute wird ein schöner Tag, ich freue mich auf jede Minute die ich bewusst leben und genießen darf! Alle Dinge, dir mir heute passieren, haben einen positiven Hintergrund".

Wenn du dann am Abend alle guten Ereignisse und Personen die dir an dem Tag begegnet sind, revuepassieren lässt, dann kannst du freudestrahlend behaupten „habe ich es doch gewusst!".

Diese Übung wird dir helfen, deinen Fokus auf das Positive zu richten. Du wirst nach und nach immer mehr die schönen Dinge des Lebens sehen! Das ist keine Floskel, sondern es passiert, wenn du dich darauf einlässt.

Welche Auswirkungen haben die Gedanken *anderer Personen* auf dich?

Bist du dir wirklich im Klaren darüber, dass viele Dinge von denen du überzeugt bist, tatsächlich nur in deinem Kopf passieren? Denke an die Situation mit deinem Bekannten, die ich dir gerade geschildert habe. Die Realität ist zwar für jeden Menschen gleich, aber wie jedes Individuum die Realität bewertet, ist stets unterschiedlich. Selbst wenn du dir mit einer anderen Person eine gleiche Meinung teilst, hat jeder von euch ein eigenes Verständnis für seine Anschauung. Das ist ganz natürlich und hängt damit zusammen, dass jeder von uns unterschiedliche Erfahrungen im Leben gemacht hat. Unser Unterbewusstsein sucht Verknüpfungen zu vergangenen Situationen und bewertet aufgrund dessen die aktuellen Geschehnisse.

Hast du dich schon einmal gefragt, welche Auswirkungen die Gedanken Anderer auf dich haben?

In diesem Fall muss ich an meine Oma denken. Für meine Oma ist und war es immer ganz wichtig, was andere Leute sagen oder eben denken könnten. Die Fenster hat sie stets sauber geputzt, wenn sie das Haus verlassen hat war sie immer ordentlich zurechtgemacht und die richtige Frisur war und ist auch heute noch ungemein wichtig. Allerdings ist ein Leben, in dem man anderen Personen gefallen möchte, unheimlich anstrengend zu führen.

Hand aufs Herz, in welchen Situationen ist dir die Meinung deiner Mitmenschen so wichtig, dass du dich eigentlich schon regelrecht verbiegen musst?

Wann machst du tatsächlich etwas ganz Anderes als das was du eigentlich möchtest, nur um Dritten zu gefallen? Warum machst du das?

Wenn du von Allen gemocht werden möchtest, dann muss ich dich enttäuschen. Das ist eine reine Wunschvorstellung, die sich nicht erfüllen wird. Es wird immer Mitmenschen geben, die dich nicht mögen. Auch wenn du nicht weißt, warum das so ist. Aber mache dir keine Illusionen – es ist, wie es ist. Jedem Menschen kannst du es nicht recht machen und das sollte auch gar nicht dein Anspruch sein. Abgesehen davon, magst du doch sicherlich auch nicht Jeden, oder?

Ich habe mir angewöhnt, darauf zu vertrauen, dass immer die richtigen Menschen in meinem Leben einen Platz finden.

Und jetzt überlege dir, wie sich dein Leben verändert, wenn du das tust, was du für dich für richtig hältst, ohne dir darüber Gedanken zu machen, was andere Personen davon halten könnten. Ohne schlechtes Gewissen! Was verändert sich dadurch für dich?

Kann es sein, dass du dich frei fühlst? Fühlt es sich leicht an? Probiere es aus!

Wie fühlst du dich?

Ein ehemaliger Kommilitone hat sich ein neues Auto bestellt. Eigentlich hat er sich riesig darauf gefreut und konnte es gar nicht abwarten, endlich hinter dem Steuer zu sitzen. Er hatte aber Bedenken, was seine Verwandten, Freunde und Bekannten denken könnten, da er den neuen Wagen, wie auch dessen Vorgänger, von seinen Eltern bezahlt bekommen hat. Aus diesem Grund hat er sich zwar das neue Modell, aber in der gleichen Farbe angeschafft, damit der Fahrzeugwechsel nicht zu offensichtlich ist.

Versuche dich bitte in seine Situation hinein zu denken. Kannst du nachvollziehen, warum er so gehandelt hat? Jeder, der sich so verhält, schränkt sich in seinem Leben unnötig ein. Erstens weiß niemand, was die Anderen tatsächlich denken. Zweitens macht man sich viel zu viele Gedanken darüber, die einen selbst belasten. Und Drittens ist es für das eigene Leben vollkommen unerheblich was andere Personen darüber denken.

Bitte verstehe mich nicht falsch. Mein Apell heißt jetzt nicht, drehe die Musik so laut auf, damit du deine Nachbarn ärgerst, denn es ist egal, was diese von dir denken. Nein, es geht nicht darum, anderen Personen Schaden zuzufügen oder wie in diesem Beispiel deren Ruhe zu stören. Es geht um dein inneres Wohlbefinden und wie du damit umgehst.

Die Gedanken der Mitmenschen haben also absolut keinen Einfluss auf dein Leben. Sie denken sowieso was sie wollen. Und wenn du die Gedanken kennst, dann ist es deine Entscheidung, wie du damit umgehst. Interessieren sie dich? Dann werden negative Aspekte dein Leben negativ und positive Aspekte dein Leben positiv beeinflussen. Im Idealfall interessieren dich die Meinungen Anderer nicht. Denn dann hast nur du ganz allein Einfluss auf dein Denken und Handeln.

Nimm dir ein paar Minuten Zeit und mache dir heute bewusst, wann du dir darüber Gedanken machst, was andere Personen von dir denken.
In welchen Situationen handelst du anders als du es eigentlich möchtest, nur um jemanden zu gefallen?
Wann belastet es dich zu wissen, dass jemand in deinem Umfeld ein anderes Bild von dir hat, als du es dir vorstellst?
Wie stark sind deine Glücksgefühle von deinen Mitmenschen abhängig?

Unvergleichlich *glücklich*

Machen wir ein paar Gedankenexperimente:

Stell dir vor, du wärst in einem Land ohne Infrastruktur geboren. Du hast kein fließendes Wasser, von Trinkwasser ganz zu schweigen und musst täglich darum kämpfen ausreichend Nahrung zu dir nehmen zu dürfen. Du arbeitest jeden Tag körperlich hart, um dir ein Dach über den Kopf zu ermöglichen. Du schläfst auf einer dreckigen Decke, kannst deine Familie nicht ernähren und fühlst dich kraftlos und krank. Und nun vergleiche damit deine aktuelle Lebenssituation. Wie unendlich glücklich können wir uns schätzen, dass es uns so gut geht! Mit welcher Begründung haben wir das Recht, auch nur kurzzeitig unzufrieden und unglücklich mit unserem Leben zu sein!

Szenenwechsel – jetzt möchte ich, dass du dir vorstellst, du lebst in einem schönen großen Haus. Die Zimmer sind genauso eingerichtet, wie du es dir vorstellst. Das kann ein Heimkino, eine High-Teck-Küche, ein begehbarer Kleiderschrank, ein Fitnessraum, ein Whirlpool, etc. sein. Dein Haus ist ruhig gelegen, im Osten siehst du die Berge, im Süden das Meer. Du hast einen Job der dir Spaß macht und nicht übermäßig Zeit in Anspruch nimmt. Du fährst regelmäßig in den Urlaub und hast drei deiner Traumautos in deiner persönlichen Tiefgarage stehen. Für die Sauberkeit im Haus und die

Zubereitung deiner Lieblingsspeisen beschäftigst du Personal, welches dich bewirtet und umsorgt.

Jetzt vergleichst du die beschriebene Lebenssituation mit deinem aktuellen Leben. Wie glücklich oder unglücklich bist du nun im Vergleich dazu?

Leider neigen wir manchmal dazu, unser Glücksgefühl von anderen Personen oder Situationen abhängig zu machen. Solange wir uns mit Mitmenschen vergleichen, denen es vermeintlich schlechter geht als uns, geht es uns gut und wir fühlen uns glücklich. Sobald wir uns jedoch mit Verwandten, Freunden oder Bekannten vergleichen, denen es vermeintlich besser ergeht, fühlen wir uns unglücklich. In unserer Vorstellung haben wir ein Idealbild. Sobald eine Person auch nur eine Eigenschaft dieser Idealvorstellung erfüllt, beschäftigen wir uns damit. Gedanken wie „die Mitschülerin ist schlanker als ich" gehen bestimmt vielen Mädchen in ihrer Schulzeit durch den Kopf. Dabei sehen sie nur den Aspekt „sie ist schlanker als ich". Sie machen sich keine Gedanken darüber, warum das so ist. Vielleicht hat sie eine Lebensmittelunverträglichkeit und kann viele gute Speisen gar nicht zu sich nehmen. Oder sie schränkt sich bewusst bei allen Mahlzeiten ein und verpasst dadurch viele Genussmomente in ihrem Leben, um dem Schönheitsideal zu entsprechen. Wir sehen immer nur die für uns oberflächlich erscheinenden Vorteile. Alle Bedingungen, die damit verbunden sind, sehen wir nicht.

Du siehst einen ehemaligen Arbeitskollegen neben dir an der Kreuzung stehen. Er sitzt in einem extrem teuren

Auto und winkt dir freudestrahlend zu. Macht dich die Situation glücklich oder unglücklich? Leider neigen viele Menschen dazu, sich in einer solchen Situation unglücklich zu fühlen. Aber warum ist das so?

Ist es tatsächlich so schwierig, keinen Vergleich mit sich selbst zu ziehen? Du siehst in diesem Moment nur das teure Auto und denkst dir vielleicht, wie kann der sich das denn leisten und warum fahre ich diesen Wagen nicht. Leider machst du dir aber kein Bild über die Gesamtsituation. Denn dein ehemaliger Arbeitskollege hat einen großen emotionalen Verlust erlitten. Er hat zwar etwas Geld geerbt, aber die emotionale Lücke konnte er nicht damit schließen. Von seinem Erbe hat er sich eine kleine Zwei-Zimmer-Eigentumswohnung und das Luxusauto gekauft. Welche Auswirkung hat diese Information nun auf dein Glücks-Bewusstsein?

Mein guter Rat an mich selbst und alle, die ihn lesen möchten: mache dein Glück nie von deinen Mitmenschen abhängig. Vergleiche sind der Anfang vom Ende.

Du hast nur in den seltensten Fällen so viel Einblicke auf das gesamte Leben anderer Personen. Nur weil du Verwandte, Freunde oder Bekannte für einen kleinen Ausschnitt ihres Lebens eventuell sogar beneidest, würdest du in vollem Umfang wahrscheinlich nie mit ihnen tauschen wollen. Denn wenn du dir bei einem Vergleich nur die Rosinen rauspickst, wirst du immer unglücklich sein. Du darfst nicht nur den Erfolg deiner Mitmenschen betrachten, du musst auch wertschätzen, wie viel Schweiß die Person im Vorfeld dazu aufgewendet hat, um überhaupt dorthin zu kommen. Bist du bereit den gleichen Aufwand ein zu bringen?

Meine Aufgabe für dich: Beobachte dein Denkverhalten. Wann vergleichst du dich mit deinen Mitmenschen und wann macht dich dieser Vergleich unglücklich?

Betrachtest du tatsächlich die Gesamtsituation mit allen Konsequenzen oder siehst du nur den Teilbereich?

Versuche dein Verhalten bewusst zu analysieren und wenn du möchtest, überlege dir, was du ändern möchtest.

Ich empfinde mein Leben als viel glücklicher und positiver wenn ich mich aufrichtig mit meinen Verwandten, Freunden und Bekannten über diverse Anschaffungen und Ereignisse in ihrem Leben freue. Für mich gibt es keinen Grund, dies nicht zu tun. Ich habe die Wahl, zu reagieren wie ich möchte. Unabhängig davon, wie ich reagiere, haben meine Gedanken dazu keinen Einfluss auf meine Mitmenschen. Deshalb macht es für mich Sinn, positiv zu reagieren, das gibt auch mir ein positives Gefühl zurück. Denn sollte ich beispielsweise an der ein oder anderen Anschaffung ebenfalls interessiert sein, dann ist es doch wunderbar, bereits ein Vorbild zu haben. Ich glaube fest daran, dass ich alles erreichen kann, was ich erreichen möchte. Das ist absolut losgelöst von meinem Umfeld. Im Universum ist genug für uns alle vorhanden. Meine Entscheidung, dem Leben zu vertrauen, gibt mir innere Gelassenheit.

Für mich ist es daher notwendig, mich von allen Störfaktoren zu befreien, um glücklich sein zu können. Nur wenn ich ganz auf mich und meine Bedürfnisse fixiert bin, kann ich glücklich sein. Ich entscheide mich dafür, keine Vergleiche zu ziehen!

Du fragst dich, ob mir das wirklich immer gelingt? Nein. Aber ich reflektiere und hinterfrage mich. Glücklich zu sein ist kein Ziel. Es ist ein Weg. Und es ist ein stetiges Lernen.

Das Wechselspiel zu anderen Personen geht aber noch weiter.

Bist du glücklich, wenn andere unglücklich sind?
Warum ist das so?

Wenn jede Energie, die wir aussenden, an uns zurückkommt, dann ist Schadenfreude sicher nicht die Energie, die wir uns wünschen würden, oder? Für mich ist es daher wichtig, mich für Mitgefühl zu entscheiden.

Auch wenn manchmal zwei kleine Stimmen ein Mitspracherecht haben wollen.

Du kennst sicher die Comics in denen das Engelchen auf der einen Schulter und das Teufelchen auf der anderen Schulter sitzen und dem Entscheider gut oder schlecht zureden. Genauso verhält es sich auch mit der Stimme in deinem Kopf, die deine Gedanken zum Ausdruck bringt. Empfindest du beispielsweise Angst, Neid, Missgunst oder Unzufriedenheit, dann spricht das Teufelchen auf deiner Schulter mit dir. Empfindest du dagegen Freude, Glück, Liebe, Mitgefühl oder Zufriedenheit, dann spricht das Engelchen auf deiner anderen Schulterseite mit dir.

Jeder von uns kennt beide Seiten. Du kannst aber gezielt Einfluss darauf nehmen, mit welcher Seite du sprichst. Denn in jeder Situation gewinnt eine Stimme und nur du kannst entscheiden welche. Es ist die, der du recht gibst und der du deine Aufmerksamkeit schenkst.

Beobachte in den nächsten Tagen das Engelchen und das Teufelchen auf deinen zwei Schultern. Welcher Stimme bist du geneigt recht zu geben? Vielleicht möchtest du zukünftig dem Engelchen mehr Zuspruch geben? Dann entscheide dich dafür! Denn auch das ist eine Gewohnheit. Wenn du weißt, welche Werte dir in deinem Leben wichtig sind und welchen Anspruch du für dich hast, dann kannst du auch entscheiden, welche der Stimme deine Werte wiederspiegelt.

Das wird anfangs nicht so einfach sein, wie es sich hier liest. Aber bleibe dran. Du wirst merken, dass es dir mit der Zeit immer leichter fallen wird, deinem inneren Engelchen mehr Aufmerksamkeit zu schenken und du wirst merken, dass sich deine neue Denkweise ganz stark auf deine positive Energie auswirken wird. Dadurch wirst du zufriedener und glücklicher mit dir, deinem Leben und deinen Gedanken werden! Probiere es aus, du hast nichts zu verlieren.

Nun kannst du sogar einen Schritt weitergehen. Wenn du eine Vision hast, die dich glücklich macht und du diese erreichen willst, dann umgebe dich mit Personen, die eine ähnliche Errungenschaft bereits erreicht haben. Freue dich mit ihnen und sehe sie als Vorbild an.

Wenn eine andere Person schon das erreicht hat, was du auch erreichen möchtest, dann gibt dir das die Zuversicht, dass das Ziel nicht unerreichbar ist. Du kannst es genauso schaffen und kannst eventuell von deinem Vorbild etwas lernen.

Du entscheidest, ob du den Motivations- oder Konkurrenzaspekt darin erkennen möchtest!

Glücks-Schranken
die du dir selbst setzt

Ohja, es gibt sie, diese Schranken die wir unserem Glück selbst in den Weg stellen. Bist du dir darüber bewusst, welche Schranken du dir in den letzten Wochen, Monaten und Jahren gebaut hast?

Nimm dir einen Moment Zeit und denke über dein Leben nach. Gibt es Situationen, in denen du ganz alleine dein Glück einschränkst, obwohl es dafür überhaupt keinen äußeren Anlass gibt?

Ich bin sehr visuell veranlagt und so hat sich mir im Laufe meines bisherigen Lebens vor meinem inneren Auge eine Grafik manifestiert, wie ich mir den Ablauf eines Kalenderjahres vorstelle.

In der untenstehenden Abbildung, habe ich meine Vorstellung zu Papier gebracht, um dich daran teilhaben zu lassen. Erst spät ist mir klargeworden, dass mich dieses Bild, dass ich mir über Jahre hinweg aufgebaut habe, in meinem Glücksempfinden erheblich einschränkt. Und ich frage mich selbst, warum das so ist und was ich tun kann, um die festgefahrenen alten Denkmuster aufzubrechen. Denn es kann nicht mein bewusster Entschluss sein, diese Einschränkung mein weiteres Leben beizubehalten.

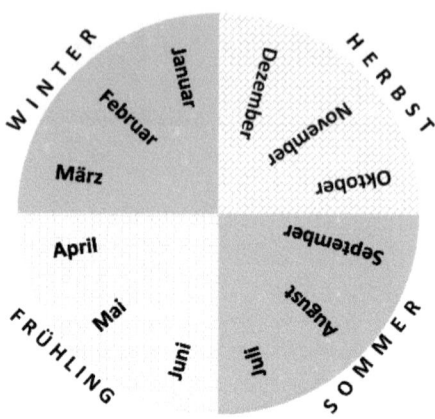

Ich fühle mich aus den folgenden Gründen eingeschränkt: Einerseits empfinde ich meine bildliche Vorstellung von einem Kalenderjahr wie ein Abbild eines Hamsterrads.

Ich bekomme den Eindruck, dass ich mich in diesem Hamsterrad befinde und es sich unausweichlich dreht. Meine eigene Handlungsfähigkeit wirkt eingeschränkt und ich fühle mich diesem ausgeliefert. Je mehr ich mich damit beschäftige desto unwohler und auch unglücklicher fühle ich mich.

Und andererseits empfinde ich ein Unwohlsein, wenn Ereignisse, auf die ich mich gefreut habe, vorüber sind und ich das Gefühl bekomme, dass ich bis zum nächsten Jahr warten muss, bis ich ähnliche Ereignisse wieder erleben darf. Es scheint dann, als ob ich die restlichen Monate überstehen muss. Diese Gedanken schränken mich erheblich ein und machen mich auch zu einem gewissen Grad unglücklich.

Je länger ich darüber nachdenke, empfinde ich es als extrem paradox, dass ich mir selbst diese Vorstellung auferlegt habe. Ich kann mich nicht daran erinnern, dass mir mein Hamsterrad von einer anderen Person gezeigt oder angelernt wurde. Dieses habe ich mir selbst in meinen Gedanken erschaffen. Ich habe also selbst dafür gesorgt, dass mich dieses einschränkt.

Wie ist es bei dir? Geht es dir in verschiedenen Situationen ähnlich? Welche Einschränkungen hast du dir in deinem Leben selbst gesetzt oder dir von anderen Personen einreden lassen? Welche Gedanken lösen bei dir Unwohlsein aus und machen dich damit unglücklich?

Erst wenn du dir darüber bewusst bist, kannst du dich damit befassen und deine Denkgewohnheiten ändern.

Versuche deine Gedanken zu Papier zu bringen.

Wie würdest du deine Denkmuster in einer Grafik darstellen?

Nimm dir einen Zettel und einen Stift. Keine Sorge, es geht nicht darum aus dir den nächsten Michelangelo oder Picasso zu machen. Wenn du dich aber traust, deine Gedanken aufzumalen, dann wirst du dich danach befreiter fühlen.

Dein Platz für deine Skizze:

Meine Vorstellung vom Ablauf meines Kalenderjahres empfinde ich aber nicht ausschließlich negativ. Mir gibt es auch eine gewisse Sicherheit, Stabilität, Zuversicht und Orientierung. Aus diesem Grund möchte ich die jahrelang aufgebaute Sichtweise in meinem Gehirn nicht komplett löschen, sondern lediglich meine damit einhergehenden negativen Assoziationen verändern.

Das mache ich, indem ich mir in der Mitte meines bisherigen Hamsterrads eine Sonne vorstelle. Diese Sonne strahlt so stark und voller Energie in jeden einzelnen Monat, jede einzelne Woche, jeden einzelnen Tag und jede einzelne Stunde bzw. Minute meines Kalenderjahres und somit Lebens. Sie umhüllt mich mit ihrer positiven Strahlkraft zu jedem Zeitpunkt.

Ich empfinde Dankbarkeit für alle Ereignisse die ich erlebt habe und freue mich auf alle Erfahrungen die ich sammeln darf. Indem ich mein bisheriges Bild umprogrammiere und darin die Sonne, die für mich das Sinnbild von Leben, Energie, Liebe, Glück, Gesundheit und Zufriedenheit darstellt, integriere, erschaffe ich für mich eine neue Sichtweise die mein bisheriges negatives inneres Bild überschreibt und dadurch meine innere Stärke zum Ausdruck bringt und mich wachsen lässt.

Um meine Vorstellungskraft zu unterstützen, habe ich mein bisheriges Abbild verändert und meine Sonne in meiner Grafik eingezeichnet.

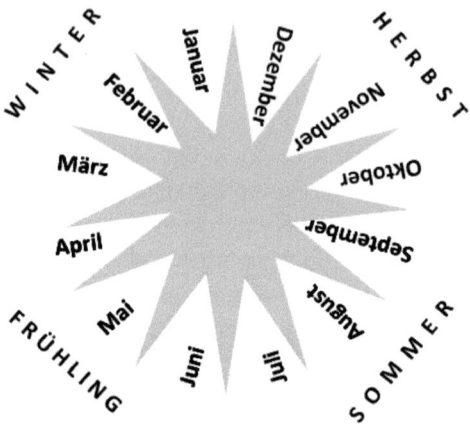

Es heißt, wir Menschen brauchen etwa 30 Tage, um unsere alten Gewohnheiten durch neue zu ersetzen.

Aus diesem Grund habe ich mir in den darauffolgenden 30 Tagen mein neues Abbild jeden Morgen und jeden Abend vor Augen geführt. So lange, bis ich meine neue Sichtweise meines Kalenderjahres in meinem Kopf und in meinem Herzen abgespeichert habe.

Welche positiven Aspekte kannst du aus deiner Vorstellung ableiten und welche positive Energie kannst du deiner Zeichnung hinzufügen?

In meinem Beispiel war die Sonne ein kraftvolles Symbol, das es geschafft hat, meine negativen Vorurteile zu vertreiben.

Welches Symbol hat für dich so eine starke Kraft, um deine negativen Gefühle zu vertreiben und deine Situation ins positive umzukehren?

Erstelle eine zweite Zeichnung. In dieser zweiten Zeichnung lässt du entweder die negativen Aspekte, die dich bisher eingeschränkt haben, komplett weg oder du ergänzt ein Symbol, dass eine so positive Ausstrahlung hat, um alle negativen Schwingungen zu zerstören.

Dein Platz für deine transformierte Skizze:

Mache es mir nun nach und verinnerliche dir diese Zeichnung jeden Morgen und jeden Abend. Sieh dir deine neu erschaffene Vorstellung an und verinnerliche diese so lange, bis dein altes Glaubensmuster überschrieben ist und du in deinen Gedanken und deinem Herzen ausschließlich dein neu erschaffenes Gefühl spürst.

Jeden Tag
Glücks-Momente

Es gibt noch so viel mehr, was wir tun können, um nicht darauf warten zu müssen, dass uns das Glück findet. Denn wir können unser Leben selbst glücklicher machen. Und zwar mit ganz bewussten Glücks-Momenten!

Dabei geht es darum, die einfachen Dinge des Lebens bewusst zu genießen. Frage dich gezielt, womit du dich gut fühlst, was dich glücklich macht, wobei du die Seele baumeln lassen und dir eine kleine Auszeit gönnen kannst.

Du solltest darauf achten, dass du die Momente ohne großen zeitlichen und finanziellen Aufwand in dein Leben einbauen kannst. Das kann ein Spaziergang am Abend oder eine Joggingeinheit am Morgen sein. Vielleicht hast du die Möglichkeit in deiner Mittagspause einen Moment für dich zu verbringen indem du in deinem Lieblingsmagazin schmökerst oder deinen Lieblings-Hit hörst.

Was macht dir Spaß, holt dich für ein paar Minuten aus deinem Alltag und sorgt dafür, dass du einfach genießen kannst?

Erstelle dir eine Liste mit deinen Glücks-Momenten, von denen du täglich den ein oder anderen in deinen stressigen Alltag einbauen kannst!

Diese Liste kannst du beliebig erweitern. Sie soll dich darin unterstützen, dass du nicht täglich von Neuem anfangen musst, dir Gedanken darüber zu machen. Du kannst dir deine Liste ansehen und einfach daraus wählen.

Es ist nicht das Ziel, deine komplette Liste jeden Tag vollständig abzuarbeiten. Das würde wieder in Stress ausarten und genau der soll vermieden werden. Suche dir täglich ein oder zwei Momente aus deiner Liste aus und habe einfach Spaß daran diese in deinen Tag einzubinden.

Du darfst dich schon am Morgen auf die Durchführung deiner Auswahl freuen und wenn du während dem Glücks-Moment Dankbarkeit empfindest, wirst du dich nachhaltig glücklich fühlen.

Als kleines Beispiel habe ich dir einen Auszug aus meinen Glück-Momenten zusammengestellt.

Meine täglichen Glücksmomente

- ein wunderbarer Cappuccino
- Zeit mit meinen Lieben
- Sport
- Sonnenstrahlen auf meiner Haut
- mein Lieblingshit
- Meditation
- ein Spaziergang an der frischen Luft
- …

Es handelt sich dabei nur um eine kleine Auswahl. Mittlerweile ist meine Liste viel länger und ich genieße es, jeden Tag ein paar dieser Momente in meinen Alltag einbauen zu dürfen. Vielleicht erscheinen dir manche dieser Punkte als selbstverständlich und du baust diese sowieso ohne groß darüber nachzudenken, in deinen Tag ein.

Genau das ist der Unterschied. Mache die Dinge nicht einfach zwischendurch und ohne groß darüber nachzudenken. Genieße zukünftig deine Glücks-Momente bewusst. Du wirst dadurch eine spürbar positive Veränderung deiner Lebensqualität erfahren.

Der Beginn deiner Glücks-Momente:

_____

_____

_____

_____

_____

_____

Achtsam deine Glücks-Momente zu erleben, ist ein wundervoller Baustein, der dich darin unterstützt, deinen Alltag stressfreier und dafür gelassener zu erleben.

Wann hast du das letzte Mal etwas zum *ersten Mal gemacht?*

Lass die Worte gerne erst einmal auf dich wirken, solltest du den Satz zum ersten Mal hören. Denn so ging es mir auch. Gestellt wurde mir diese Frage von einer sehr guten Freundin. Damals musste ich, zumindest auf den ersten Blick gesehen, tatsächlich zugeben, dass es schon ein ganzes Stück her war, etwas zum ersten Mal gemacht zu haben. Spontan eine Antwort, hatte ich darauf nicht. Vielleicht dachte ich in dem Moment einfach zu umständlich, indem ich nach richtig „großen" Ereignissen, die ich vermeintlich zum ersten Mal gemacht haben soll, in meinem Kurzzeitgedächtnis gesucht habe.

Wenn ich ehrlich bin, hatte ich mir diese Frage bis zum damaligen Zeitpunkt noch nie gestellt gehabt und deshalb auch keinen Grund gehabt, ganz bewusst etwas Neues zu tun.

Ich habe dann angefangen, ganz bewusst außergewöhnliche Momente in mein Leben zu integrieren. Dazu gehören beispielsweise ein Kletterkurs und das damit verbundene Abseilen aus einigen Metern Höhe, ein Gesangsauftritt vor über 250 Personen, ein Paragliding oder eine Fahrt mit dem 80 Meter hohen Freefall Tower.

Das sind alles Ereignisse, die nicht alltäglich sind und doch auch eine gewisse Portion Mut voraussetzen, zumindest für mich. Sicherlich hat mich die ein oder andere

Aktion mehr Überwindung gekostet. Das Glücksgefühl, dass sich darauf einstellt, ist unglaublich.

Zudem haben sie mir erlaubt, meine Komfortzone, also den Raum, indem ich mich pudelwohl fühle, zu erweitern.

Es ist nicht notwendig, dass du dir zwanghaft vornimmst etwas Ausgefallenes zu tun. Manche Ereignisse, die ich dir aufgezählt habe, haben sich aus der Situation heraus ergeben und waren nicht von langer Hand geplant. Wenn dir aber die Möglichkeit dazu gegeben wird, dann hast du die Wahl, diese anzunehmen.

Probiere es aus und stelle dir die Frage: Wann hast du das letzte Mal etwas zum ersten Mal gemacht? Was wolltest du schon immer einmal erleben und hast dich bisher nicht getraut, es durchzuführen? Spring über deinen Schatten und entfliehe deinem Alltag! Notiere dir die Punkte, um sie nicht zu vergessen!

Je älter wir werden, umso seltener machen wir Dinge zum ersten Mal. Wir sind so in unserem Alltag gefangen, dass wir das gar nicht mehr merken. Das beginnt sogar schon bei Kleinigkeiten.

Wenn wir beispielsweise einkaufen gehen, dann greifen wir immer zum gleichen Joghurt, wir entscheiden uns regelmäßig für unser Lieblingsbrot, die Wurst, die wir gerne essen oder den Wein den wir gerne trinken. So viel Platz für Neues geben wir uns selbst nicht. Wenn dann dazu noch der Supermarkt neu eingerichtet ist und unsere Vorzugsprodukte nicht mehr an „ihrem" Platz stehen, dann regen wir uns dazu vielleicht innerlich sogar noch auf und empfinden diesen Umstand eher als stressig.

Obwohl wir dann aus unseren Gewohnheitsmustern herausgerissen werden und uns vielleicht gezwungenermaßen für ein Produkt entscheiden, welches wir bis dahin noch nie probiert hatten. Eigentlich handeln wir doch verrückt, oder was meinst du?

Jetzt bist du an der Reihe:

Mach doch mal etwas ganz Verrücktes und nimm bei deinem nächsten Einkauf spontan eine andere Kaffeesorte, entscheide dich für einen anderen Brotaufstrich und nutze die Vielfalt, die uns Allen geboten wird.

Überlege dir, wie neugierig du als Kind warst.

Du wolltest die Welt entdecken und herausfinden, was dir gefällt und was nicht. Wann und warum hast du diese Neugierde abgelegt?

Werde sensibel für die kleinen Dinge des Lebens, die du ganz einfach in deinen Alltag integrieren kannst und die komplett neu für dich sind.

Ich habe beispielsweise einmal im Herbst zugegebenermaßen bemerkt, dass ich noch nie eine Kürbissuppe selbst zubereitet habe. Irgendwie bin ich immer davon ausgegangen, dass die Zubereitung eines Kürbisses eine Wissenschaft für sich ist und habe mich in der Vergangenheit nie so richtig damit auseinandergesetzt. Auch wenn es sich seltsam liest, hatte ich immer Respekt davor und bin der neuen Erfahrung aus dem Weg gegangen.

Irgendwann habe ich es dann doch ausprobiert und festgestellt, wie unwahrscheinlich einfach es ist, eine Kürbissuppe zuzubereiten, die dazu noch hervorragend schmeckt.

Aus diesem Grund möchte ich mein Rezept sehr gerne mit dir teilen:

Meine Empfehlung:

Kürbissuppe

Zutaten:

1 Messerspitze Koriandergewürz,
1 Zwiebel,
600 gramm Hokkaido,
1 EL Öl, 400 gramm Wasser,
250 gramm Möhrensaft,
1 Würfel Gemüsebrühe,
1,5 TL gelbe Currypaste,
250 ml Kokosmilch,
etwas Salz und Pfeffer,
ggf. Kürbiskernöl und ein paar Kürbiskernen

Zubereitung:

Als erstes würfelst du das Fruchtfleisch des Hokkaido sowie die Zwiebel und dünstest dieses mit dem Koriander an. Daraufhin gibst du das Wasser, den Möhrensaft, die Gemüsebrühe sowie die Currypaste hinzu und garst die Masse für etwa 15 Minuten. Danach gibst du die Kokosmilch sowie Salz und Pfeffer hinzu und erhitzt dies noch etwa 10 Minuten lang. Daraufhin kannst du alle Zutaten pürieren und die Suppe abschmecken. Wenn du die Suppe servierst kannst du dies mit einem TL Kürbiskernöl und Kürbiskernen tun.

Du siehst anhand von diesem extrem kurzen Rezept, wie einfach es ist, diese Suppe zuzubereiten. Die unsichtbare Mauer, die ich mir in meinem Kopf gegenüber der Zubereitung von Kürbissen aufgebaut habe, war absolut unbegründet und auch unnötig.

Ich möchte dir anhand von diesem Beispiel zeigen, dass wir uns manchmal das Leben, ohne es zu wissen, selbst schwerer machen als es tatsächlich ist.

Nur wenn wir unser Verhaltensmuster bewusst ändern, können wir diese unsichtbaren Grenzen in unserem Kopf überwinden und sind dann auch gegenüber anderen Dingen aufgeschlossener.

In welchen Situationen hast du dir so eine unsichtbare Mauer in deinem Kopf gebaut?

Wann entscheidest du dich eher dafür einen anderen Weg zu gehen, weil du der Meinung bist, dir wird es anders nicht gelingen oder der innere Schweinhund ist der Ansicht, dass alles viel zu anstrengend ist?

Gibt es etwas, dass du eigentlich schon lange tun wolltest, es aber immer wieder vor dir hergeschoben hast?

Vielleicht wolltest du den alten Schuppen mal wieder neu streichen, die Unterlagen für die Steuererklärung vorsortieren, den Dachboden ausräumen oder die Fenster putzen?

Wenn du auf den richtigen Zeitpunkt dazu wartest, dann hast du Glück. Denn der ist genau JETZT. Fange damit an, erledige deine Aufgabe und du wirst sehen, deine unsichtbare Mauer, die du dir aufgebaut hast, wird verschwinden. Darüber hinaus wirst du nach Erledigung dieser Aufgabe ein wunderbares Glücksgefühl empfinden und dich fragen, warum du das denn eigentlich nicht schon viel früher gemacht hast.

Sobald du dir bewusst darüber bist, dass dich die Erledigung einer Aufgabe, die du schon lange vor dir hergeschoben hast, glücklich macht, kannst du dich dieser Aufgabe mit mehr Elan widmen.

Stell dir einfach vor, wie gut du dich fühlst, wenn die Sache erledigt ist und dann leg los.

Vergiss dabei aber nicht, zunächst alle Störfaktoren in deiner Umgebung auszuschalten, ansonsten läufst du Gefahr, deine Aufgabe abzubrechen, sobald dich dein Smartphone über eine eingegangene Nachricht aufmerksam macht.

Durch die Augen
deines Smartphones

Apropos Smartphone. Gehörst du zu den Menschen die mit offenen Augen durchs Leben gehen? Handelt es sich dabei um deine Augen oder um die Augen deines Smartphones?

Ich beobachte zunehmend Mitmenschen, die ihre Welt durch die Augen ihres Smartphones sehen. Egal ob es sich um den Blick auf ein Feuerwerk handelt, eine Schifffahrt auf der Seine oder die Besichtigung eines Schlosses. Immer und überall ist das Smartphone nicht nur mit dabei, sondern in jeder einzelnen Sekunde zur Hand. Wenn ich das sehe, frage ich mich, warum die Personen den Augenblick nicht lieber in sich aufnehmen und in ihren Köpfen, sondern diese lieber auf ihrem Smartphone abspeichern. Denn mal Hand aufs Herz. Wer hat im Nachgang Zeit und Lust sich tausende Fotos und Videos noch einmal anzusehen?

Kommen dann die gleichen Emotionen auf, die man beim bewussten Genuss gehabt hätte? Wie konzentriert kann man den Moment in sich aufnehmen, wenn man gleichzeitig ein Smartphone in der Hand hält und davon abgelenkt wird, ob es wirklich richtig aufnimmt, etc.?

Smartphones sind auch für mich nicht mehr wegzudenken und ich frage mich, wie ich ohne das kleine Technikmonster das erste Viertel Jahrhundert meines Lebens überlebt habe. Aber für mich gibt es Grenzen. Diese fangen dann an, wenn ich das Gefühl bekomme, dass meine Persönlichkeit und mein eigenes Glücksgefühl eingeschränkt werden.

Oftmals eignen wir uns aber gewisse Gewohnheiten an, ohne die Entscheidung bewusst getroffen zu haben. Aus diesem Grund möchte ich dir jetzt den Impuls geben, einmal über deine Smartphone-Gewohnheiten nach zu denken. Wann machst du dich davon abhängig? Wann bekommst du gar nicht mehr wirklich mit, wie viel freie Zeit du damit verbringst?

Gibt es auch noch andere Ablenkungen, die dich davon abhalten, deine freie Zeit in deinen Augen wirklich sinnvoll und achtsam zu verbringen?

Es ist der erste Schritt, diese Einschränkungen zu erkennen. Im zweiten Schritt, versuche die Gewohnheiten zu ändern. Nimm dir dafür ganz bewusst vor, was du nicht mehr möchtest und wofür dein Herz tatsächlich schlägt. Verzweifle nicht, wenn du ab und zu in alte Muster zurückfällst. Versuche es immer wieder und plötzlich wirst du merken, dass dir die Umstellung gelungen ist. Gehe mit Spaß an die Sache heran und habe Geduld mit dir! Du schaffst alles, was du wirklich von ganzem Herzen möchtest! Habe Vertrauen in dich und deine Fähigkeiten!

Nutze die Kraft des
positiven Denkens

Mittlerweile bist du schon sehr geübt darin, deine Gedanken in die Kategorien positiv oder negativ einzustufen. Außerdem gelingt dir die bewusste Entscheidung was du genau denken möchtest schon viel leichter, als noch am Anfang unseres gemeinsamen Weges. Du weißt, dass du die Beobachterin deiner Gedanken sein kannst! Aus diesem Grund bist du jetzt dazu bereit den nächsten Schritt zu gehen.

Schließe jetzt bitte kurz deine Augen und denke nicht an einen roten Elefanten der sich mit einer blauen Giraffe unterhält. An was hast du gedacht? Genau, an einen roten Elefanten im Gespräch mit einer blauen Giraffe.

Unser Gehirn kann das kleine Wort NICHT nicht verarbeiten. Es funktioniert schlichtweg nicht. Aus diesem Grund verbanne dieses kleine Wort „nicht" aus deinen Gedanken und im Idealfall aus deinem Wortschatz. Immer wenn du etwas negativ formulierst, wird sich dein Unterbewusstsein genau diese Situation vorstellen und im nächsten Schritt auch umsetzen.

Hast du beispielsweise einen kleinen Auftritt vor dir und du hoffst darauf, sobald du etwas sagst dich nicht zu verhaspeln oder sobald du gehst nicht zu stolpern, dann konzentrierst du dich in diesem Moment genau auf die Punkte, die dir nicht passieren sollen. Die Wahrscheinlichkeit ist groß, dass dir etwas in dieser Art passieren wird. Denn einerseits möchtest du bestätigt werden und gleichzeitig ziehst du das an, was du aussendest. Danach wirst du deinen Freunden mitteilen, dass du doch genau gewusst hast, dass dir dieses Malheur passiert und du immer so tollpatschig bist. Aus diesem Grund formuliere die Dinge, die geschehen sollen, positiv. Denn auch dann wirst du die Bestätigung dafür erhalten. Stelle dir vor, wie du eine kleine Ansprache hältst, wie du selbstbewusst und voller Begeisterung vor deinem Publikum stehst und sprichst, so als ob es dir ganz leichtfällt.

Stelle dir vor, wie du mit hoch erhobenem Kopf von einem Punkt zum nächsten gehst und dabei Zufriedenheit und Leichtigkeit ausstrahlst. Stelle dir vor, du bist bereits in dieser Situation und du fühlst dich dabei extrem wohl. Zaubere dir ein Lächeln ins Gesicht und lasse keine Gedanken zu, die dir sagen möchten „aber was wäre wenn". Dieses „wenn" gibt es nicht. Du entscheidest wie du dich fühlen möchtest, wie du wirken möchtest und was du bezwecken möchtest.

Nicht umsonst heißt es „fake it - till you make it".

Indem du dich in den Moment, vor dem du einen gewissen Respekt hast, schon im Vorfeld positiv hineindenkst, deine Gefühle gezielt ausrichtest und in deinem Herzen dieses Vertrauen und die Vorfreude spürst, ziehst du diese Möglichkeit direkt an.

Sollte dir dann etwas Unvorhergesehenes „passieren", gehst du wesentlich souveräner mit der Situation um. Du bist entspannt und weißt in deinem Inneren, dass es sicher ist, du zu sein!

In den meisten Fällen denken wir „nicht" wenn wir uns in stressigen Momenten befinden. Gedanken wie: hoffentlich komme ich nicht zu spät darfst du umwandeln in: zu meinem Termin komme ich pünktlich. Du hast immer die Möglichkeit, deinen Satz umzuformulieren. Finde gegenteilige Begriffe und mache dir damit dein Leben leichter. Wenn ein für dich wichtiges Ereignis ansteht und du aufgeregt bist und vielleicht auch Zweifel oder im Extremfall Angst in dir hochkommen, dann gehe kontrolliert in die Situation. Dadurch stärkst du dein Vertrauen in dich selbst und wirst immer gelassener.

Bevor du deine Zeit damit verbringst, dich in deinen Zweifeln oder deiner Angst zu verlieren und dich innerlich immer mehr aufwühlst, beschäftige dich damit, wie dieses Ereignis im positivsten Fall für dich aussieht. Du darfst dir ausmalen, wie sich alle Gegebenheiten zu deinen Gunsten darstellen. Stelle dir vor, wie du dich verhalten und was du sagen wirst. Mache dir Gedanken darüber, wie du auf deine Mitmenschen wirken möchtest, welche Ausstrahlung du dabeihaben wirst. Du darfst gerne deine Augen schließen und dir diesen Moment in allen Farben und Formen und Gerüchen vorstellen. Du darfst tief davon überzeugt sein, dass alles genau so ablaufen wird, wie du es dir vorstellst. Freue dich auf deinen Auftritt und genieße ihn. Du wirst sehen, dass die Menschen um dich herum ganz anders auf dich reagieren werden, als du es bisher gewohnt warst.

Sei experimentierfreudig, hab Spaß daran, diese Vorschläge auszuprobieren. Gehe kleine Schritte. Genieße die Erfahrungen die du machst. Denn nur so wächst du und nur so kannst du die Person sein, die du auch sein möchtest. Du bist die Schöpferin deines Lebens und du hast jeden Tag die Chance dazu dein Leben so zu gestalten, wie du es möchtest!

Unterstützung durch
Rituale

Um die Person zu sein, die du auch sein möchtest, können dich Rituale sehr gut unterstützen. Dabei haben der Start und der Abschluss deines jeden Tages eine entscheidende Bedeutung. Was denkst du als Erstes, wenn du morgens aufwachst? Sind es Gedanken wie: „Mist, jetzt ist die Nacht schon wieder um", „ich habe keine Lust aufzustehen", „das wird ein schrecklicher Tag". Wenn dir solche Gedanken durch den Kopf gehen, wird es schwierig werden, deine Grundeinstellung im Laufe des Tages zu verändern.

Was tust du nach dem Aufstehen? Bist du jeden Morgen in Eile um pünktlich in der Arbeit, zur Vorlesung oder in der Schule zu sein? Fühlst du dich schon gestresst bevor deine eigentliche Tätigkeit überhaupt beginnt? Wenn dies so ist, dann lohnt es sich, schnellstens etwas daran zu ändern, denn dann befindest du dich in einem absoluten Energietief. Wenn du diese Gewohnheit langfristig aufrechterhältst, wirst du zunehmend unzufriedener und damit auch unglücklicher.

Aus diesem Grund, beobachte dich in den kommenden Tagen: Wie verhältst du dich am Morgen?

Ein achtsamer Start in den Tag kann dich dagegen enorm unterstützen, deine Kraft zu bündeln und im stressigen Alltag gelassen zu bleiben.

Alles beginnt bereits am Abend vorher, indem du dir schon einmal vorstellst und vornimmst, den nächsten Tag voller Leichtigkeit und mit positiven Gedanken zu starten. Stelle dazu deinen Wecker so, dass du genügend Zeit hast, um achtsam in deinen neuen Tag starten zu können. Sobald der Wecker klingelt, freue dich darüber, dass ein wunderbarer neuer Tag vor dir liegt. Sei dankbar dafür, dass du diesen erleben darfst und picke dir gedanklich all die Ereignisse heraus, auf die du dich freuen darfst. Denke dabei an deine Glücks-Momente, die du dir gönnen wirst und freue dich auf die Menschen, auf die du treffen wirst. Genieße den ruhigen Moment, bevor du dich in die Aufgaben stürzt, die auf dich warten. Das kannst du tun, indem du beispielsweise das Fenster öffnest, die frische klare Morgenluft tief in deine Lungen einatmest und kurz innehältst. Ich gönne mir zu früh immer zwei große Gläser lauwarmes Wasser, gerne auch mit einer frisch gepressten Zitrone. Dadurch wird mein Körper gleich nach dem Aufstehen mit Flüssigkeit versorgt und die Entschlackung unterstützt. Außerdem öffne ich die Terrassentüre, atme tief durch, schaue zum Himmel und freue mich auf den vor mir liegenden Tag. Ich konzentriere mich auf alles, was ich höre und sehe und verfolge gedanklich die frische Luft, wie sie ein- und wieder ausströmt.

Überleg dir, was genau dich darin unterstützt, achtsam bei dir anzukommen und mit viel positiver Energie in deinen Tag zu starten.

Vielleicht fällt es dir leichter, mit deinem Lieblingssong den neuen Tag zu beginnen. Höre in dich hinein und dann fange gleich morgen früh damit an. Du wirst sehen, du fühlst dich großartig und dir fällt es leicht den erstbesten Menschen, der dir über den Weg läuft anzulächeln und mit deiner Energie anzustecken.

Eine ganz ähnliche Frage stellt sich am Abend. Wie verbringst du die letzte halbe Stunde bevor du dich schlafen legst? Hast du dir darüber bisher überhaupt Gedanken gemacht oder legst du dich einfach ins Bett und schläfst ein. Auch hier kannst du dir ein kleines Ritual angewöhnen, um deinen Tag positiv ab zu schließen.

Gehe alle positiven Dinge, die dir an diesem Tag geschehen sind im Geist noch einmal durch. Selbstverständlich darfst du auch an Situationen denken, die vielleicht nicht so gut gelaufen sind, wie du sie dir gewünscht hättest. Lasse dich davon aber nicht bestimmen. Indem du den Gedanken nur beobachtest, aber nicht wieder in die Situation hineingehst, entscheidest du dich dafür selbstbestimmt zu sein. Habe die tiefe Gewissheit, dass du daraus gelernt hast und dir eine ähnliche Situation in dieser Form nicht wieder passieren wird, weil du zukünftig einfach anders damit umgehen wirst. Behalte deinen Fokus aber auf den Ereignissen über die du glücklich und dankbar bist. Du entscheidest, welche Gefühle du in dir spüren und verstärken möchtest, weil sie dir guttun. Und dann freue dich auf eine gute Nacht und auf den wunderbaren Tag, der morgen auf dich wartet.

Sowohl in den ersten als auch in den letzten 30 Minuten deines Tages sollte dein Smartphone, dein Tablet oder dein PC keine Rolle spielen. Es handelt sich dabei um

Energiefresser und damit beziehe ich mich nicht auf den Strom, den die Geräte verbrauchen. Die kleinen Technikmonster rauben dir deine Energie. Sie bringen dich weg von dir und deiner Achtsamkeit.

Natürlich ist es wichtig zu wissen, was auf der Welt passiert. Du kannst aber selbst bestimmen, ob du dich beispielsweise nur einmal täglich auf den aktuellen Stand halten möchtest und dir Nachrichten ganz gezielt ansiehst oder anhörst. Oder ob du gefühlt den ganzen Tag über immer wieder damit konfrontiert werden möchtest. Ein achtsamer Umgang bedeutet, auch in diesem Bereich Entscheidungen für dich zu treffen. Mir tut es gut, wenn ich mich ganz gezielt und nur einmal täglich von den aktuellen Nachrichten auf den neuesten Stand bringe. Probiere es gerne für dich aus.

Die Welt wird sich auch dann, wenn du nicht Non-Stop online bist, weiterdrehen und du wirst nichts Wesentliches verpassen. Der Vorteil der dir daraus entsteht ist exponentiell höher, also lasse dich darauf ein! Indem du deinen Tag achtsam startest und auch beendest, wirst du bereits nach wenigen Tagen eine extrem positive Veränderung in deinem Leben bemerken. Du wirst dich glücklicher fühlen, einfach nur deshalb, weil du achtsam mit dir und deinen Gedanken umgehst. Es ist so großartig die Transformation zu erleben, aus diesem Grund kann ich dich nur dazu ermutigen diesen Weg zu gehen und dich auszuprobieren!

Glückshormone
gezielt freisetzen

Diese Rituale kannst du aber nicht nur morgens und abends in dein neues Leben einbauen, denn auch innerhalb deines Tages warten ganz viele Situationen auf dich, die dich glücklich machen können und die du selbstbestimmt organisieren darfst. Gehörst du zu den Menschen, die gerne Sport treiben oder zählt der Spruch „Sport ist Mord" zu deinen Leitsätzen?

Es ist tatsächlich so, dass dich Sport glücklich machen kann. Denn durch deine sportliche Aktivität werden Glückshormone freigeschüttet und du fühlst dich frei, lebendig und wie neu geboren. Aus diesem Grund macht es auf jeden Fall Sinn, wenn du dich dafür entscheidest mehr Bewegung in dein Leben zu bringen. Gerade der Anfang ist für viele Personen schwer. Wichtig ist, dass du dir eine Sportart suchst, die dir Spaß macht. Das kann Laufen, Schwimmen, Rad fahren, Fußball spielen oder klettern sein. Denn sobald dir etwas Freude bereitet, wirst du es immer wieder durchführen wollen. Außerdem kann es dir helfen, wenn du dir eine Sportsfreundin suchst und ihr euch gegenseitig motivieren könnt euer Vorhaben dauerhaft umzusetzen.

Auch hier gilt: Tue die Sportarten die dir Spaß machen. Sei neugierig, probiere Neues aus. Fange klein an und steigere dich nach und nach. Es ist noch kein Meister vom Himmel gefallen. Wenn dir etwas nicht gefällt, dann entscheide dich um. Das ist alles überhaupt kein Problem, du musst nichts machen, was du nicht möchtest. Wichtig ist, dass du damit anfängst dich auszuprobieren und für dich selbst herausfindest was und wie viel dir davon guttut! Die Bewegung wird so viel Energie in dir freisetzen, dass du immer mehr davon möchtest und dir nach einiger Zeit ein Leben ohne Bewegung und Sport gar nicht mehr vorstellen kannst.

Mit Sport trainierst du deinen Körper und mit Meditation trainierst du deine Seele. Ich habe damit angefangen, zu meditieren und kann dir sagen, für mich ist es großartig. Anfangs fand ich den Gedanken an Meditation etwas befremdlich. Ich konnte mir nicht wirklich vorstellen, welche Wirkung eine Meditation auf mich haben wird.

Aus diesem Grund war ich neugierig und habe mich darauf eingelassen. Dabei habe ich festgestellt, dass auch für eine Meditation eine gewisse Übung erforderlich ist. Ich hatte die ersten Male tatsächlich Schwierigkeiten mich vollständig zu konzentrieren, denn meine Gedanken wollten immer abschweifen und über irgendwelche Ereignisse nachdenken. Erst nach einer gewissen Zeit ist es mir gelungen, mich immer mehr auf den Moment zu konzentrieren und aktiv zu meditieren. Mittlerweile genieße ich diese kleine Auszeit, die ich mir schenke. Danach fühle ich mich so voller Glück und positiver Energie und im Einklang mit mir selbst, dass ich diese Zeiten fest in meinen Alltag integriere und auch nicht mehr missen möchte. Ich empfinde die Meditation als eine große Bereicherung für mich.

Tatsächlich verhält es sich mittlerweile sogar so, dass ich eine innere Unruhe verspüre, wenn ich es ein paar Tage nicht geschafft habe zu meditieren. Es ist ein absolut unangenehmes Gefühl, welches ich sehr stark wahrnehme. Dann freue ich mich extrem auf die nächste Möglichkeit zur Meditation und kann mir gar nicht mehr vorstellen, wie ich vorher damit umgegangen bin.

Vielleicht habe ich dich neugierig gemacht und du möchtest es selbst gerne ausprobieren? Als kleine Übung am Anfang kann ich dir empfehlen, dich bequem hinzusetzen. Schließe deine Augen und atme bewusst ein und aus. Konzentriere dich direkt auf deine Atmung. Wenn dir Gedanken kommen, lasse dich nicht darauf ein, sondern entlasse diese wieder. Du wirst merken, dass es dir von Mal zu Mal gelingen wird, deine Konzentration länger aufrecht zu erhalten.

Wenn du Freude daran hast, dann lasse dich auf eine angeleitete Meditation ein. Öffne dein Herz und lass dich dazu animieren, dein inneres Glück zu aktivieren!

Ich möchte dir gerne einen kleinen Auszug aus einer möglichen Meditation geben:

Suche dir einen ruhigen und gemütlichen Ort, an dem du die nächsten zehn Minuten ungestört bist. Sorge dafür, dass alle Störfaktoren wie Smartphone, Telefon, Fernsehen, Radio, etc. ausgeschaltet sind. Setze oder lege dich bequem hin und schließe deine Augen. Entspanne dich und atme ganz ruhig ein und aus. Konzentriere dich dabei auf deine Atmung. Zähle die Länge deiner Einatmung, halte kurz inne und zähle die Länge deiner Ausatmung, halte kurz inne und beginne von vorne. Wenn du bereit bist, denke die Worte „ich bin und bleibe vollkommen ruhig entspannt und gelöst" wie ein Mantra. Wiederhole diese Worte in deinem Geist und fühle die Entspannung, die durch deinen Körper fließt. Atme dabei weiterhin ganz ruhig ein und wieder aus. Entlasse alle Gedanken, die dir gerade in den Sinn kommen und lasse diese weiterziehen. Wiederhole dann die Affirmation „ich konzentriere mich auf alles Positive und fühle mich durch und durch glücklich". Wichtig ist, dass du dir diese Leitsätze nicht nur von deinem Kopf sagen lässt, sondern diese Glücksgefühle und Empfindungen auch in deinem Herzen spürst. Fühle die Leichtigkeit des Lebens! Spüre die glücklichen Momente! Konzentriere dich ausschließlich auf alle positiven Aspekte deines Lebens und sei dankbar und glücklich. Wiederhole dabei immer wieder „ich konzentriere mich auf alles Positive und fühle mich durch und durch glücklich". Deine Ein- und Ausatmung passiert dabei vollkommen automatisch. Du fühlst dich entspannt, dankbar und glücklich. Du hast das Gefühl, dass dieses Glück aus deinem Herzen strahlt wie eine kräftige Sonne und du die Macht hast, deine Umgebung mit diesen Glücksstrahlen einzuhüllen. Fühle in dich hinein und lasse dich von diesen positiven Glücksgefühlen treiben. Atme langsam und lange ein und danach langsam und lange aus. Wenn du das Gefühl hast, von deinen Glückgefühlen komplett umgeben zu sein, genieße diese Momente ganz bewusst. Du darfst dabei auch gerne lächeln. Im Anschluss daran denkst du dir „ich speichere diese unfassbar guten Gefühle in meinem Herzen. Wenn ich die Augen öffne fühle ich mich leicht und glücklich. Ich behalte dieses Gefühl als

Grundstimmung tief in mir." Bevor du die Augen öffnest, zählst du von 5 zurück auf 1 und bist dir darüber bewusst: „ich zähle jetzt von 5 zurück auf 1 bei eins öffne ich die Augen. 5 – ich atme tief ein, 4 – 3 – ich bewege ganz langsam meine Hände – 2 ich bewege ganz langsam meine Arme und Beine – 1 ich öffne meine Augen und bin wieder im Hier und Jetzt."

Wie hat dir der kleine Ausflug in die Welt der Meditation gefallen? Konntest du dich bereits voll und ganz darauf einlassen oder hattest du teilweise Schwierigkeiten dich zu konzentrieren? Wenn es dir am Anfang noch nicht so richtig gelingen wollte, dich voll und ganz auf die Meditation einzulassen, dann versuche es doch zu einem späteren Zeitpunkt erneut. Du kannst nicht davon ausgehen, dass dir Dinge, die du zum ersten Mal machst, sofort gelingen.

Als du deinen Führerschein gemacht hast, musstest du auch einige Fahrstunden nehmen, bevor du zur Prüfung zugelassen wurdest und auch danach bist du wahrscheinlich noch ganz aufgeregt gewesen, bevor du ins Auto gestiegen bist um loszufahren.

Wie war das, wenn du daran zurückdenkst? Mittlerweile fährst du bestimmt schon fast ganz automatisch. Genauso verhält es sich auch mit der Meditation. Freue dich darauf und genieße die Momente in denen du bei manchen „Disziplinen" noch nicht perfekt und automatisiert bist.

Denn genau das bedeutet es doch zu leben. Wenn wir nur noch die Dinge tun, die wir sowieso schon können und sich jeden Tag wiederholen, dann verlieren wir auch den Spaß an etwas Neuem. Wir sind doch keine Maschinen. Sei aufgeschlossen und neugierig – auch bei dem Thema Meditation! Gib neuen Dingen eine Chance!

Deine regelmäßige
Lebensinventur

Du kennst das sicher, in allen Unternehmen ist es notwendig entweder einmal im Jahr eine Stichtags- oder kontinuierlich eine permanente Inventur durchzuführen. Dabei werden alle Wertgegenstände gezählt und aufgenommen. Hast du dich schon einmal gefragt, warum so eine Bestandsaufnahme eigentlich nur Firmen machen? Ist es nicht vielleicht auch sinnvoll, wenn wir Menschen uns ebenfalls regelmäßig über unsere aktuelle Situation bewusst sind und uns einfach mit uns selbst auseinandersetzen?

Keine Sorge, ich schicke dich jetzt nicht mit Zettel und Stift durch deine Wohnung oder dein Haus und du notierst wie viele Stühle, Tische und TV-Geräte du besitzt. Mir geht es vielmehr um eine Art Lebensinventur und um eine Bestandsaufnahme deiner Zufriedenheit in einzelnen Bereichen deines Lebens. Sicher erfordert es eine gewisse Portion Mut, wenn du dir über deine aktuelle Situation klarwerden möchtest. Aber nur so, schaffst du Achtsamkeit für dich selbst. Du kannst so stolz auf dich sein, weil du dir selbst diese Aufmerksamkeit schenkst! Gerade dann, wenn es bedeutet, deine Komfortzone zu verlassen und neue Methoden für dich anzuwenden.

Es ist wesentlich einfacher, wenn du einfach bleibst, wer und wie du bist und dich täglich über verschiedene Gegebenheiten beschwerst. Zwar bist du dann wieder in deinem Hamsterrad gefangen, aber diese imaginäre Gefangenschaft ist bequem. Irgendwie fühlst du dich unzufrieden. Aber auch die Unzufriedenheit ist in gewisser Weise eine Gewohnheit, die du nur schwer bereit bist, aufgeben zu wollen. Du würdest schon gerne zufriedener und glücklicher sein, aber hast Angst davor dich mit dir und deiner aktuellen Situation zu beschäftigen. Kommt dir das bekannt vor?

Damit ist jetzt Schluss, denn ich unterstütze dich aktiv bei deiner Lebensinventur! Sei dir darüber bewusst, dass sich in deinem Leben nichts ändern wird, wenn du dich nicht ändern wirst. Du wirst Zufriedenheit und Glück nur dann erreichen, wenn du weißt, wo du stehst und wenn du weißt wo du stehen möchtest.

Um eine Ist-Analyse deiner aktuellen Lebensbereiche durchführen zu können und dadurch deine Lebensinventur zu starten, unterstützen dich die untenstehenden Säulen deiner Lebensbereiche. Diese sind aufgeteilt in die zehn Bereiche Glück, Beruf, Freunde, Familie, Partnerschaft, Finanzen, Freizeit, Fitness, Erholung und Gesundheit.

Suche dir einen Platz an dem du die nächsten 20 bis 30 Minuten ungestört bist und nimm dir einen Stift zur Hand. Du darfst dir über jeden der einzelnen Bereiche Gedanken über den aktuellen Stand deiner Zufriedenheit machen. Höre dabei auf dein Gefühl. Es wird dir die richtige Antwort geben.

Jeder Bereich ist in eine Scala von 0 bis 10 untergliedert. Dabei bedeutet 0 dass du absolut unzufrieden bist und

10, dass du die absolute Zufriedenheit in diesem Bereich bereits erreicht hast. Kreuze jetzt in jedem Bereich deinen Zufriedenheitsgrad an. Wie zufrieden bist du mit dem dir zugeteilten Glück in deinem Leben? Wenn du der Meinung bist, dass du gar kein Glück im Leben hast, bist du auf der 1, verstärkt unglücklich wäre eine 2 bis 3, halbwegs wäre eine 5, verstärkt glücklich eine 7 bis 8 und wenn du dich als absolutes Glückskind empfindest, siehst du dich bei einer 10. Genauso prüfst du für dich auch alle deine anderen Lebensbereiche ab und kreuzt den für dich gefühlten aktuellen Stand an.

Nimm dir für jeden Bereich die Zeit, die du brauchst. Höre in dich hinein und lasse dein Gefühl entscheiden, auf welchem Zufriedenheitsgrad du dich siehst. Hab Spaß dabei und genieße es, dir Zeit für dich und deine Lebensinventur zu schenken!

	Finanzen	Freizeit	Fitness	Erholung	Gesundheit

absolut zufrieden ↑ unzufrieden

Im Idealfall hast du in jedem Bereich eine 10 angekreuzt. Dies wird jedoch auf die wenigsten Menschen zutreffen. Denn selbst dann, wenn wir mit manchen Bereichen unseres Lebens sehr zufrieden sind, haben wir leider die Angewohnheit immer nach „mehr" streben zu wollen.

Du kannst dir deine zehn Lebensbereiche wie ein großes Haus vorstellen. Die einzelnen Bereiche stehen auf einem stabilen Fundament. Je zufriedener du mit deinem Lebensbereich bist, umso mehr „Stockwerke" hast du in deinem Leben bisher gebaut. Ich möchte dir als Beispiel nun das Ergebnis der Lebensinventur von Maja vorstellen:

	Glück	Beruf	Freunde	Familie	Partnerschaft

absolut zufrieden ↑ unzufrieden

Maja empfindet ihren aktuellen Glücksfaktor (5) als mittelmäßig. Ihr Lebensanker ist ihre Familie (8) und ihre Freunde (8). In diesen Bereichen empfindet sie Zufriedenheit und kann Kraft tanken. Ihren Beruf (4) empfindet sie als Belastung, der ihr einerseits nicht genügend Zeit für Freizeitaktivitäten (5) lässt und sie finanziell (Finanzen = 3) zwar über Wasser hält, aber keine größeren Ausgaben zulässt. Zwar macht sie zweimal wöchentlich Sport (Fitness = 5), Zeit für Erholung (3) findet sie aber kaum, so dass sie sich immer wieder krank und unausgeglichen (Gesundheit = 4) fühlt. Mit ihrem Single-Dasein ist sie unzufrieden und wünscht sich eine Partnerschaft (2).

Wie ist das Ergebnis deiner Lebensinventur? In welchen Bereichen deines Lebens bist du zufrieden und hast mindestens 6 Punkte vergeben und in welchen Bereichen hast du eindeutig Nachholbedarf?

Diese Lebensinventur unterstützt dich darin einerseits deinen Fokus darauf richten zu können, was bereits super in deinem Leben funktioniert und für was du heute schon dankbar sein darfst und dir andererseits aufzuzeigen, in welchen Bereichen du achtsamer mit dir und deinen Bedürfnissen umgehen darfst.

Werde dir als erstes bewusst darüber, wie viele Stockwerke auf deinem Fundament je Lebensbereich aktuell stehen. Schaue dir die Säulen deines Hauses noch einmal genau an. Hast du dir ein schönes stabiles Haus mit jeweils einer ähnlichen Anzahl an Stockwerken je Lebensbereich (im Idealfall mit mindestens sechs Stockwerken je Lebensbereich) aufgebaut oder ergeht es dir wie Maja (siehe die untenstehende Grafik) und die Stockwerke sind so unterschiedlich, dass es nicht möglich ist, ein stabiles Dach darauf zu setzen?

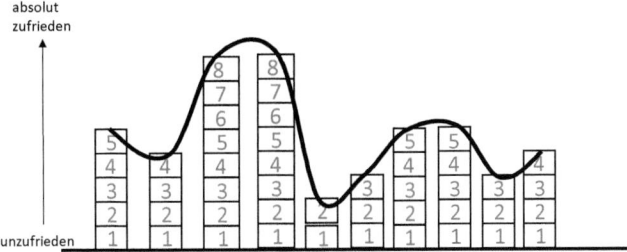

Wenn die Anzahl deiner Stockwerke ebenfalls so unterschiedlich ist, wie die von Maja, dann ist das erst einmal gar nicht schlimm. Freue dich darüber, dass du deine Lebensinventur erfolgreich abgeschlossen hast, du ganz genau weißt wo du im Moment stehst und jetzt die Möglichkeit auf dich wartet, deine Stockwerke in den Lebensbereichen aufzubauen, die bisher zu kurz gekommen sind. Dazu gehen wir nun alle deine Lebensbereiche gemeinsam durch:

Glück
Wie hast du den Glücksfaktor in deinem Leben eingeordnet? Wenn du der Meinung bist, dass dir das Glück bisher wenig Aufmerksamkeit geschenkt hat, dann beginne mit den Übungen, die ich dir in den vorangegangenen Kapiteln beschrieben habe. Nimm dir Zeit für Glücks-Momente und beginne damit dein Glück selbstständig in dein Leben zu bringen. Warte nicht darauf, dass das Glück von alleine zu dir kommt. Fange sofort damit an und du wirst in kürzester Zeit enorme Fortschritte machen! Probiere es aus, du kannst nur gewinnen! Vielleicht ist dir aufgefallen, dass ich die Formulierung bewusst so gewählt habe. Ich hätte auch schreiben können: du hast nichts zu verlieren. Aber wie du weißt, kann unser Gehirn nicht nicht denken!

Beruf
Wie zufrieden bist du mit deinem Lebensbereich Beruf? Bist du zufrieden mit deiner aktuellen Situation? Angenommen du machst in einem Jahr deine Lebensinventur noch einmal, möchtest du dann wieder genauso viele Stockwerke vorfinden wie heute oder möchtest du bis dorthin zusätzliche Stockwerke gebaut haben? Die Stockwerke im Lebensbereich Beruf kannst du auf ganz unterschiedliche Weise bauen. Überlege dir zunächst, welche Aspekte dir in deinem Beruf Spaß machen und Freude bereiten. Ist es die Arbeit an sich, weil du beispielsweise Menschen helfen darfst oder sind es deine Arbeitskollegen die dir am Herzen liegen? Welche Teilaspekte deines Berufs sind richtig gut und was würdest du vermissen, wenn du ab morgen deiner Tätigkeit nicht mehr nachgehen dürftest?

Beantworte dir diese Fragen und dann setze täglich deinen Fokus genau auf diese positiven Aspekte. Du wirst merken, dass du schon nach wenigen Tagen deine Arbeit mit ganz anderen Augen siehst. Du wirst Spaß an deiner Tätigkeit haben und das nächste Mal, wenn du deine Lebensinventur durchführst, wirst du deinen Lebensbereich Beruf besser bewerten und schon hast du zusätzliche Stockwerke aufgebaut.

Wenn dir allerdings keine Aspekte einfallen, die du als positiv einstufst und deinen Fokus darauf richten kannst, dann verändere deine berufliche Situation. In diesem Fall nützt es nichts, deine Einstellung zu deinem Job zu verändern, dann musst du die Situation verlassen und dir eine neue Tätigkeit suchen. Vielleicht ist es schon ausreichend, wenn du die Abteilung wechselst. Vielleicht ist es aber auch notwendig dich komplett neu zu orientieren. In diesem Fall schreibe Bewerbungen, bilde dich fort oder besuche Abendkurse. Sei dir darüber bewusst, dass wenn du alles so beibehältst wie es aktuell ist, du keine Veränderung in diesem Lebensbereich erreichen wirst.

Fallen dir dazu Argumente wie „ich bin zu alt dafür, um mich beruflich zu verändern" ein, dann handelt es sich dabei um einen Glaubenssatz, den du dir angeeignet hast. Es handelt sich dabei um keine allgemeingültige Regel. Denn nehmen wir an, du bist Anfang 50 und unglücklich in deinem Beruf. Ist es dann sinnvoll, die nächsten zehn bis 15 Jahre weiterhin unglücklich zu sein oder macht es mehr Sinn, deinen Glaubenssatz zu überdenken und dein Leben zu verändern? Es ist dein Leben. Es sind deine nächsten zehn Jahre. Ist dir das wirklich so wenig wert, um eine unzufriedene Situation regelrecht auszusitzen?

Wenn du in einem Lebensbereich so unglücklich und unzufrieden bist, dass eine positive innere Haltung nicht möglich ist oder keine Veränderung erzielt, dann ist es an der Zeit diesen Lebensbereich grundsätzlich zu verändern. Unabhängig davon, wie alt du bist und ob du der Ansicht bist zu alt für eine Veränderung zu sein. Denn meistens ist genau dieses Argument nur ein Vorwand dafür, seine Komfortzone nicht verlassen zu müssen. Eine Veränderung bedeutet, dass du handeln musst. Davor scheuen viele Menschen zurück. Teilweise aus Angst, teilweise aus Bequemlichkeit.

Indem du achtsam mit dir umgehst, ermöglichst du dir aus dem Hamsterrad heraus zu treten und für dich eine Entscheidung zu treffen.

Alles beim Alten zu lassen und nichts zu verändern, ist auch eine Entscheidung.

Freunde, Familie und Partnerschaft

Wie hast du deine Lebensbereiche Freunde, Familie und Partnerschaft bewertet? Wenn du in diesen Bereichen zufrieden bist, ist das wunderbar. Wenn du dich mit mehr als vier Stockwerken eingestuft hast und dir eine Verbesserung wünschst, dann frage dich gezielt danach, was du tun kannst, um deine Beziehungen zu Freunden, Familie oder deinem Partner zu verbessern. Wie kannst du dein Verhalten positiv verändern um im Anschluss eine Qualitätsverbesserung in deinem sozialen Umfeld festzustellen. Wichtig ist, dass du begreifst, dass sich nicht die Anderen ändern müssen, damit du zufriedener wirst. Wenn wir Erwartungen an unsere Mitmenschen haben, die sie nicht erfüllen, weil sie davon gar nichts wissen können, werden wir unzufrieden. Ändere deshalb deine Erwartungshaltung, wenn du unzufrieden bist und ändere dein Verhalten. Du wirst feststellen, dass sich deine Beziehungen zum positiven verändern werden.

Wenn du sehr unzufrieden mit deinen Beziehungen bist und diese sogar deine Lebensqualität negativ beeinflussen, dann solltest du dich ernsthaft fragen, ob es nicht sinnvoller ist, die Beziehungen zu beenden. Denn mal ganz ehrlich, warum solltest du dir diese Situation weiterhin zumuten. Du denkst vielleicht, dass dies nicht ohne weiteres möglich ist. Aber warum nicht? Du kannst und musst für dich selbst entscheiden, ob du dein Leben weiterhin so führen möchtest, wie du es aktuell tust oder ob du eine Veränderung und dadurch eine Verbesserung möchtest. Es liegt ganz bei dir. Es ist dein Leben, und du entscheidest wie du es leben möchtest!

Wenn du dir beispielsweise eine Partnerschaft wünschst, dann warte nicht darauf, bis die richtige Person aus Zufall bei dir an der Haustür klingelt. Mache dich aktiv auf die Suche und sei nicht enttäuscht, wenn der erste Anlauf nicht sofort funktioniert. Wichtig ist, dass du dir nicht nur deiner aktuellen Situation bewusst bist, sondern dass du bereit bist, diese zu verändern und dann ins Handeln kommst und diese Änderung in die Tat umsetzt.

Vielleicht kennst du den häufig zitierten Satz: Wenn du dich liebst, ist es egal wen du heiratest oder mit wem du befreundet bist. Lese dir diesen Satz am besten noch ein paarmal durch und denke darüber nach.

Finanzen

Wie hast du deine Finanzen eingeordnet? Wo stehst du aktuell und wo möchtest du nach sechs Monaten oder einem halben Jahr stehen? Hat dein Lebensbereich Finanzen die gleiche Anzahl an Stockwerke wie dein Lebensbereich Beruf und sind beide Lebensbereiche voneinander abhängig oder weichen diese stark voneinander ab?

Auch diese Erkenntnis kann dich in der weiteren Betrachtung deiner Vorgehensweise weiterbringen. Angenommen du hast in deinem Lebensbereich Beruf aktuell drei Stockwerke aufgebaut und in deinem Lebensbereich Finanzen aber acht Stockwerke, dann solltest du dir darüber bewusst sein, dass eine berufliche Veränderung gegebenenfalls auch eine finanzielle Veränderung zur Folge haben kann, die nicht zwangsläufig positiv sein muss.

Du solltest dich fragen, ob es für dich in Ordnung ist, wenn du deine berufliche Zufriedenheit auf die Stufe sieben anhebst, gleichzeitig aber deine finanzielle Zufriedenheit ebenfalls auf sieben senkst.

Wenn du zu den Personen gehörst, die zufrieden in ihrem Beruf aber unzufrieden mit ihren Finanzen sind, dann solltest du deine Einnahmen und Ausgaben genauer betrachten. Schreibe dir dazu entweder mit einem Stift und einem

Zettel oder im Idealfall am Computer in Form einer Datenverarbeitungstabelle deine Einnahmen auf die linke Seite und deine Ausgaben auf die rechte Seite. Beginne dazu am besten zu Beginn eines Monats. Wenn du alle Informationen gesammelt hast, siehst du als Erstes wie hoch deine Einnahmen sind und wenn du alle Ausgaben addierst, kannst du diesen deine Einnahmen gegenüberstellen. Sind deine Ausgaben höher als deine Einnahmen, dann solltest du deine Analyse genauer unter die Lupe nehmen.

Wie stellen sich deine Ausgaben zusammen? Welche Anteile gehören zu deinen Fixkosten, wie beispielsweise Miete, Vereinsbeiträge, Smartphone-Verträge, Versicherungen, etc. und fallen jeden Monat zum gleichen Betrag an? Welche Anteile sind variabel, z. B. Benzinkosten, Lebensmitteleinkäufe, Klamotten, Internetbestellungen, etc. und ändern sich monatlich?

Sobald du dir einen Überblick verschafft hast, frage dich gezielt, auf welche Ausgaben du in den nächsten Monaten verzichten kannst, damit sich deine monatlichen Ausgaben reduzieren und du am Ende des Monats noch die Möglichkeit hast einen bestimmten Eurobetrag zu sparen. Und dann ist es ratsam, diesen Sparbetrag bereits am Anfang eines Monats und eben nicht erst am Ende, wenn er vielleicht nicht mehr vorhanden ist, zu sparen. Nur wenn du dir Klarheit über deine finanzielle Situation geschafft hast, dann kannst du eine positive Veränderung erzielen.

Deine Ausgaben zu reduzieren ist eine Variante. Die andere Variante ist es, deine Einnahmen zu erhöhen. Wann hast du das letzte Mal eine Gehaltserhöhung erhalten?

Bist du der Ansicht, die nächste Gehaltserhöhung wäre schon lange fällig? Dann bitte deinen Vorgesetzten um ein Gespräch unter vier Augen. Auf dieses Gespräch solltest du dich im Vorfeld gut vorbereiten, denn eine Erhöhung deines Gehalts wird nur dann möglich sein, wenn du Argumente hast, die diese aus der Sicht des Unternehmens auch rechtfertigen. Argumente wie „ich möchte mir ein Haus, eine größere Wohnung oder ein Auto kaufen" solltest du dabei nicht aufführen. Überlege dir genau, was du in den letzten Monaten geleistet hast, was deinen Kollegen, deiner Abteilung, deinen Kunden, deinen Kollegen, also dem Unternehmen, indem du arbeitest, einen Mehrwert gebracht hat.

Vielleicht trägst du mehr Verantwortung als früher oder hast Ideen eingebracht, die dem Unternehmen förderlich waren. Frage dich, mit welchem Argument du dir mehr Gehalt zahlen würdest, wenn du dein Chef wärst. Bereite dich gut auf das Gespräch vor, arbeite im Idealfall ein kleines Handout aus, damit du auch schriftlich deine Erfolge belegen kannst und dann gehe selbstbewusst in die Verhandlung.

Sollten dir jetzt keine Argumente eingefallen sein, die deinen Vorgesetzten überzeugen könnten, dir ein höheres Gehalt auszubezahlen, dann lege spätestens jetzt los, dem Unternehmen, indem du arbeitest einen Mehrwert zu geben. Zeige was du kannst und grenze dich von deinen Kollegen ab.

Sei kein Mitläufer, der nur darauf wartet, dass er Feierabend machen kann. Sei motiviert, habe Spaß an dem was du tust und überlege dir, wie du mehr leisten kannst, als dass was ohnehin von dir erwartet wird. Du musst hier zunächst in Vorleistung gehen, damit auch deinen Kollegen und deinen Vorgesetzten auffällt, dass du dem Unternehmen einen Mehrwert bietest. Danach kannst du auch eine Gehaltserhöhung rechtfertigen.

Freizeit, Fitness, Erholung und Gesundheit

Wie viele Stockwerke hat dein Lebenshaus in den Bereichen Freizeit, Fitness, Erholung und Gesundheit? Was genau bedeutet für dich Freizeit? Ist es die Zeit, die du daheim auf dem Sofa und vor dem Fernseher verbringst oder gehst du in diesen Zeitfenstern einem Hobby nach, dass dich begeistert? Wie viel Qualität kannst du in deine freie Zeit bringen? Hast du vielleicht die Möglichkeit einen Teil deiner freien Zeit dafür einzusetzen deinen Mitmenschen, denen es nicht so gut geht, zu helfen?

Nutzt du deine freie Zeit um dich in bestimmten Gebieten weiter zu bilden? Wie müsstest du deine Freizeit verbringen, damit du bei deiner nächsten Lebensinventur zufriedener bist?

Ebenso verhält es sich mit deinen Lebensbereichen Fitness und Erholung. Wenn du das Gefühl hast ständig unter Stress zu stehen und keine Zeit für Sport zu haben, dann solltest du dir überlegen, welche Sportart dir Spaß macht und du einfach in deinen Alltag integrieren kannst. Du brauchst diese Momente für dich und deinen Körper.

Ebenso ist es erforderlich, dass du regelmäßig zur Ruhe kommst und dich erholst. Vielleicht unterstützt dich die Meditation darin, deinen Körper und Geist zu entschleunigen. Oder du gehst regelmäßig in die Sauna und gönnst dir dadurch eine kleine Entspannungspause. Egal, für welchen Weg du dich entscheidest. Wenn du unzufrieden mit deiner jetzigen Situation bist, dann verändere diese!

Dein Lebensbereich Gesundheit sollte dir besonders am Herzen liegen. Immerhin ist diese notwendig, damit wir lange und ohne Einschränkungen auf dieser Welt bleiben dürfen. Wenn du mit deiner Gesundheit unzufrieden bist, dann gilt es zunächst herauszufinden, warum dies so ist. Hast du das Bedürfnis deine körperliche oder deine seelische und mentale Gesundheit zu verbessern?

Hier kann es sich um ganz unterschiedliche Bereiche handeln, die wiederum miteinander verknüpft sind. Beispielsweise können Veränderungen deiner Ernährungsgewohnheiten, deines Bewegungsapparates oder deiner Schlafumgebung eine Verbesserung deines Gesundheitszustands bewirken. Die Möglichkeiten sind hier weitreichend. Bei großen gesundheitlichen Einschränkungen solltest du auf jeden Fall Unterstützung von deinem Hausarzt, Heilpraktiker oder Osteopathen in Anspruch nehmen. Auch hier ist wichtig, dass du dir über deine Probleme bewusst bist und du aktiv handelst, um eine Verbesserung zu bewirken.

Atme einige Male tief ein und tief aus! Wie fühlst du dich nun?

Solltest du ein ungutes Gefühl in dir spüren, weil du vielleicht unzufrieden mit dem Ergebnis in manchen Bereichen bist, dann möchte ich dich daran erinnern, dass du so unglaublich stolz auf dich sein kannst! Du hast es dir ermöglicht, ein ganz neues Bewusstsein für dich zu schaffen. Und durch dieses Bewusstsein hast du nun so viele Möglichkeiten! Das ist großartig!

Immerhin hast du dir in den letzten Minuten die Zeit genommen, deine Lebensinventur durchzuführen. Du hast deine einzelnen Lebensbereiche kritisch betrachtet und die darin enthaltenen Schwachstellen analysiert. Daraufhin hast du dir Gedanken darübergemacht, welche Veränderungen du in welchen Lebensbereichen anstoßen möchtest. Du hast dir damit die Erlaubnis gegeben, bei deiner nächsten Lebensinventur in ein paar Monaten, zufriedener sein zu können. Fangen wir damit an!

Veränderungen brauchen Zeit
– aber fange jetzt damit an –

Nachdem du dir nun über dein Veränderungspotential im Klaren bist, ist es an der Zeit, dir Ziele zu setzen und Schritt für Schritt daran zu arbeiten. Nimm dir dazu erst einmal einen Lebensbereich vor, den du verändern möchtest. Die größte Veränderung erfährst du dort, wo du am Meisten Potential hast.

Um welchen Lebensbereich handelt es sich? Wo stehst du aktuell? Welche Veränderung möchtest du in zwölf Monaten erreicht haben? Wie kannst du ab heute Schritt für Schritt daran arbeiten, um deine Veränderung in einem Jahr tatsächlich geschafft zu haben?

Wenn dir dein Ziel so hoch und so weit weg und unerreichbar vorkommt, dann stelle dir vor, du möchtest einen Berg erklimmen. Wenn du unten am Fuß des Berges stehst, dann kommt dir die Spitze so unerreichbar weit weg vor. Wenn du dann aber einen Fuß vor den anderen setzt und zielstrebig immer weiter den Weg nach oben gehst, dann wirst du die Spitze des Berges erreichen. Solltest du dich auf dem Weg nach oben verlaufen, dann ist das kein Problem. Fokussiere dich neu, erinnere dich an dein Ziel und dann korrigiere deinen Weg und gehe zielstrebig weiter hinauf zur Bergspitze.

Wenn du beispielsweise deinen Lebensbereich Gesundheit verändern möchtest und dir zum Ziel setzt insgesamt fünf Kilo abnehmen zu wollen. Dann erscheinen dir die fünf Kilo zunächst als unerreichbares Ziel. Wenn du dir aber Zeit gibst und Teilziele festlegst, indem du in jeder Woche beispielsweise 400 Gramm abnehmen willst, dann fällt dir die Umsetzung in den einzelnen Wochen leichter und nach 13 Wochen hast du dein Ziel erreicht, wenn du konsequent daran arbeitest und dich nicht abschrecken lässt.

Wichtig für deine zielstrebige Umsetzung ist, dass du nicht nur dein Ziel kennst und formulierst, sondern dass du deine Gründe kennst.

Warum möchtest du beispielsweise diese fünf Kilo abnehmen? Weil du besser aussehen möchtest? Weil du dich gut fühlen möchtest? Weil du Treppen steigen und vital und voller Energie in der oberen Etage ankommen möchtest? Sobald du dein Ziel in Verbindung mit deinen Gründen kennst, wird dir die Umsetzung wesentlich leichter fallen. Wenn du es dann noch mit einem Gefühl verbindest, hast du einen hervorragenden Hebel generiert, der dich darin zusätzlich unterstützen wird, dein Ziel zu erreichen.

Erinnere dich täglich
an deine Ziele

Kennst du die Situation, dass du dir ein Ziel gesetzt hast, du möchtest dieses auf jeden Fall erreichen, bist Feuer und Flamme und bereits am Tag nach der Zielfestlegung denkst du dir „ich fange morgen damit an".

Am nächsten und übernächsten Tag hegst du die gleichen Gedanken und am Tag danach hast du dein Ziel überhaupt nicht mehr im Fokus und bist vollkommen im Verdrängungsmodus gefangen. Damit genau dieser Fall nicht passiert, kann dich die folgende Methode bei der Visualisierung und Zielerreichung unterstützen.

Erstelle dir dazu eine Collage mit deinen Visionen und Zielen.

Das kann z. B. ein Memo-Board, eine Schreibunterlage, ein Bilderrahmen, ein Holzbrett oder ein alter Holzrahmen mit Seilen bespannt und Wäscheklammern sein. Je kreativer du bist und je mehr Mühe du dir gibst umso wirkungsvoller ist das Ganze. Du kannst deine Collage aber auch digital erstellen, wenn dir das lieber ist. Wichtig ist, dass du dir damit deine Ziele visualisierst.

Was möchtest du erreichen und wie kannst du dir dieses Ziel bildlich vor Augen führen? Wenn du beispielsweise abnehmen möchtest und deine Figur wieder wie vor fünf Jahren aussehen soll, dann könntest du ein altes Foto von dir verwenden. Wenn du einen gewissen Geldbetrag auf deinem Konto ansparen möchtest, dann könntest du einen Kontoauszug drucken und den Geldbetrag darauf vermerken und diesen auf der Collage anbringen. Wenn du mehr Sport machen möchtest, kannst du auf Fotos von Laufschuhen, von Hantelstangen, von Tennisschlägern oder beispielsweise Inlineskatern zurückgreifen.

Wenn du dich gesünder ernähren möchtest kannst du dir Rezepte als Anregung auf deine Collage anbringen.

Deiner Fantasie sind hier tatsächlich keine Grenzen gesetzt. Nimm dir Zeitschriften zur Hilfe und schneide die Fotos die dich deinem Ziel näher bringen aus und gestalte so deine Collage. Motiviere dich mit Sätzen wie „ich schaffe alles, was ich mir vornehme" oder „sollte ich an einem Tag nicht meinem Ziel treu sein, werde ich am darauffolgenden Tag wieder daran arbeiten" oder „ich bin dankbar für meine Ziele und erreiche diese Schritt für Schritt". Lass dich von deinen Gedanken inspirieren. Es macht so viel Spaß diese Collage zu erstellen und du wirst sehr stolz darauf sein, dein Ziel nicht nur formuliert und aufgeschrieben, sondern auch visualisiert zu haben.

Wenn du mit deiner Collage zufrieden bist und diese fertig erstellt hast, dann bringe diese an einem Ort an, an dem du sie mehrmals täglich, mindestens aber morgens und abends, bewusst sehen kannst.

Nimm dir in jedem Fall jeden Morgen und jeden Abend Zeit, um dir deine Collage anzusehen. Gehe in Gedanken zu dem Moment, an dem du dein Ziel bereits erreicht hast, stelle dir vor wie stolz du auf dich bist und wie glücklich du bist. Was genau fühlst du in diesem Moment der Zielerreichung?

Wie reagieren deine Freunde, dein Partner bzw. deine Partnerin, deine Familie, etc.? Was passiert, wenn du dein Ziel erreicht hast. Fühle genau in diesen Moment hinein und dann sei dankbar dafür. Sei dankbar, dass du dein Ziel erreicht hast, dass du all diese Gefühle haben darfst, dass du stolz auf dich und glücklich sein darfst. Du kannst dazu auch gerne für einen Moment deine Augen schließen und dieses Gefühl der Dankbarkeit in deinem ganzen Körper und in jeder deiner Zellen wahrnehmen. Lass dich von diesem Gefühl tragen und genieße diese Energie, die du in dir wachrufst! Dann öffne deine Augen und freue dich auf den Tag der Zielerreichung!

Wenn du dieses Ritual am Morgen machst, nimm dir mit dieser Energie vor, den kommenden Tag zu nutzen, um auf dein Ziel einen Schritt zuzugehen. Wenn du dieses Ritual am Abend durchführst, dann reflektiere für dich noch einmal den vergangenen Tag. Was hast du heute getan, um deinem Ziel näher zu kommen. Sei stolz auf das, was du erreicht hast und freue dich auf den Tag, der morgen auf dich wartet.

Wenn du an einem Tag das Gefühl hast, sehr wenig für deine Zielerreichung getan zu haben oder sogar den Eindruck hast, dass du den Abstand zu deinem Ziel vergrößert hast, dann nimm diese Erkenntnis liebevoll wahr, aber verurteile dich nicht dafür. Vergebe dir dafür und fokussiere dich darauf, den morgigen Tag besser zur Zielerreichung zu nutzen.

Wir sind alle nur Menschen und es ist vollkommen normal, dass wir nicht immer zu jeder Zeit vollkommen diszipliniert in all unseren Handlungen sind. Wichtig dabei ist, dass du nicht den Fehler machst, dich in Selbstvorwürfen zu verlieren und dadurch das Gefühl hast, dass es jetzt sowieso zu spät ist oder keinen Sinn mehr hat. Gedanken wie „ich erreiche mein Ziel ohnehin nicht" oder „ich bin zu dumm, zu dick, zu hässlich, zu unsportlich, zu ängstlich, etc." verbannst du am besten sofort!

Erstens sind diese Gedanken nur in deinem Kopf vorhanden und zweitens machst du dich damit kleiner als du bist und das hast du nicht verdient! Auch in dieser Phase unterstützt dich deine Collage. Fokussiere dich jeden Tag neu und akzeptiere kleine Rückschläge indem du diese wahrnimmst, dich nicht verurteilst und dich wieder neu motivierst!

Vertraue auf dich, deine Möglichkeiten und dass du der einzige Mensch bist, der dir selbst vorgeben kann, was du denken, fühlen und wie du handeln darfst und möchtest!

Tagebuch schreiben war gestern

– Journaling ist heute –

Mit der Collage hast du eine wunderbare Möglichkeit geschaffen, dich täglich an deine Ziele visuell zu erinnern und dich darauf einzustellen. Zusätzlich kannst du das Instrument „Journaling" verwenden, um einerseits deine Ziele konsequent zu verfolgen und gleichzeitig dein tägliches Glücksgefühl zu steigern. Vielleicht hast du in deiner Jugendzeit Tagebuch geschrieben und denkst dir jetzt: „damit fange ich bestimmt nicht wieder an". Das brauchst du auch nicht!

Denn Journaling hat nichts mit dem klassischen Tagebuch zu tun, dass wir aus der Schulzeit kennen und in welches wir eigentlich „nur" unsere Tagesereignisse eingetragen haben, egal ob positiv oder negativ, egal ob wichtig oder unwichtig.

Beim Journaling geht es darum, die für dich wichtigen positiven Aspekte des Tages zusammenzufassen und das kurz, prägnant und mit wenig zeitlichem Aufwand. Gerade wenn du deine Morgenroutine mit deiner Collage und dem oben beschriebenen Ritual beginnst, dann kannst du in dein Buch notieren, was du heute tun möchtest, um deinem Ziel einen Schritt näher zu kommen. Das kannst du ergänzen mit beispielsweise vier Dingen, Ereignissen oder Personen für die du heute besonders dankbar bist. Du kannst zusätzlich dein Motto für den heutigen Tag ergänzen, wie z. B. „Heute ist ein großartiger Tag, alle Ereignisse geschehen für mich" und den Anspruch, den du heute an dich legst, wie beispielsweise „Ich bin heute selbstbewusst!", „Ich bin heute die beste Version von mir selbst!", „Ich gehe heute voller Zuversicht und Freude durch den Tag!", etc. Hier kannst du genau die Intentionen festlegen, die dir für deinen Tag wichtig sind.

Am Abend dient dir dein Buch dazu, um zu notieren, was du getan hast um deinem Ziel näher zu kommen. Gibt es Situationen oder Ereignisse, in denen du vielleicht (in deinen Augen) besser hättest reagieren können? Wie kannst du eventuell beim nächsten Mal anders reagieren? Worauf darfst du stolz sein? Wofür bist du besonders dankbar? Welche Wunder sind dir an diesem Tag begegnet? Welche Glücks-Momente hast du heute in deinem Tag integriert? Hast du heute vielleicht etwas zum ersten Mal gemacht?

Wie bereits erwähnt, soll es sich dabei um kurze Notizen handeln, die es dir ermöglichen mit geringem Aufwand deinen Tag einerseits am Morgen bereits in die richtigen Bahnen zu lenken und andererseits am Abend zu reflektieren, wie dein Tag abgelaufen ist.

Je nachdem wie viel Zeit du investieren möchtest und wie viel Spaß du im kreativen Umgang mit Stift, Lineal und Papier hast, kannst du dich beim journaling auch richtig austoben. Es gibt unzählige Möglichkeiten aus einem leeren karierten Blatt Papier ein sehr ansprechendes Journal zu kreieren.

Ich selbst habe sehr viel Freude damit, mich kreativ mit Papier und Stift zu verewigen und habe für mich eine Methode entwickelt, die nach einer kurzen Übungsphase im Alltag unproblematisch umzusetzen ist.

Für mich hat es unterschiedliche Vorteile zu „journaln". Einerseits sind mir meine Erfolge auch im Nachhinein noch bewusst. Ich ergänze gerne das Datum und weiß dann im Nachhinein, wenn ich mir meine Aufzeichnungen durchlese, wann was geschehen ist. Außerdem wird mir beim Schreiben die ein oder andere Situation klarer und ich kann auch einen anderen Blickwinkel darauf gewinnen. Dazu kommt, dass ich nach dem Schreiben das Gefühl habe, die Situation losgelassen zu haben. Meine Gedanken sind danach eindeutiger und ich fühle mich in einer gewissen Art und Weise befreiter.

Du kannst jederzeit damit beginnen. Am Anfang ist es ausreichend, wenn du dich daran gewöhnst, regelmäßig kurze Notizen zu machen. Mit der Zeit kannst du dann an der Aufzeichnungsart arbeiten. Du kannst dir besondere Stifte besorgen, mit unterschiedlichen Farben und Stärken. Probiere dich aus und wenn du vorher deine Gedanken noch nie schriftlich fixiert hast, dann gehört auf deine Liste „wann habe ich das letzte Mal etwas zum ersten Mal gemacht", genau DAS!

Wenn du dazu neigst, eher negativ mit dir zu denken und dich regelmäßig im Geist davon überzeugst, dass du nicht gut genug bist, hilft dir das Schreiben dabei, dir deine Erfolge vor Augen zu führen. Gehe dazu in Gedanken alle Ereignisse in deinem Leben durch, auf die du stolz bist. Welche Erfolge durftest du bereits feiern? Was hast du getan, obwohl es dich Überwindung gekostet hat, es umzusetzen? Gibt es vielleicht Situationen, die dir schwergefallen sind, du aber trotzdem einen Weg gefunden hast, diese zu meistern? An welche Ereignisse erinnerst du dich, die bei dir negative Gefühle hervorrufen? Wie hast du es geschafft, aus dieser Negativität zu entfliehen? Was hat dir dabei geholfen? Notiere dir genau diese Situationen. So führst du dir vor Augen, dass du großartig bist, dass du stolz auf dich sein darfst und dass du auch in schwierigen Situationen wieder eine Möglichkeit finden wirst, diese zu meistern! Denn das hast du in der Vergangenheit auch geschafft! Du wirst es wieder schaffen und du wirst mit jedem Ereignis wachsen!

Immer dann, wenn du wieder damit beginnst, an dir und deinen Fähigkeiten zu zweifeln, hole deine Notizen hervor, lese sie dir durch und feiere dich für deine Energie!

Motiviere dich

Ich habe dir nun viele unterschiedliche Möglichkeiten beschrieben, die dich dabei unterstützen können, dir dein Glück selbst zu machen. Nicht jede Methode ist für jeden Menschen gleich gut geeignet. Deshalb darfst du ganz individuell für dich herausfinden, mit welchen Impulsen du dich besonders gut fühlst.

Wenn du in einen Blumenladen gehst, werden dir auch die unterschiedlichsten Blumen in den unterschiedlichsten Farben angeboten. Der Strauß, den du für dich binden lässt, enthält aber nur die Blumen, die dir gefallen. Genauso verhält es sich mit den unterschiedlichen Methoden und Möglichkeiten zum Glücksempfinden.

Im Idealfall suchst du dir, die für dich praktikablen Übungen aus und führst diese regelmäßig durch. Du wirst sehen, dass es nur eine Frage der Zeit ist, bis sich dein Fokus auf die positiven Ereignisse deines Lebens richtet und du zur Selfmade Glücksionärin wirst!

Allerdings und so ehrlich müssen wir sein, gibt es jemanden, der dich daran hindern möchte, die Bequemlichkeit aufzugeben, die du dir durch deinen Alltag aufgebaut hast. Wenn du deinen Tag plötzlich mit anderen Aufgaben und Tätigkeiten füllen möchtest, als bisher, dann wird er dich in der ersten Zeit davon abhalten wollen. Dazu kann er mit seinen Argumenten ziemlich überzeugend sein.

Du weißt wen ich meine? Genau, deinen inneren Schweinehund. Die kleine Stimme in dir, die meint, dass du erst morgen mit deiner Dankbarkeitspraxis anfangen oder dich mit den Bereichen deiner Lebensinventur erst am nächsten Wochenende beschäftigen kannst.

Denn wenn du dein Glück selbst machen möchtest, dann ist es erforderlich einige deiner Gewohnheiten und Routinen zu verändern. Das fängt bei deinen Denkgewohnheiten an, geht mit deinen Gefühlen, die du dir angewöhnt hast weiter und spiegelt sich dann wiederum in deinen Handlungen.

Du hast dir in der Vergangenheit deine Identität aufgebaut und diese hat dazu geführt, dass dir deine Leichtigkeit verloren gegangen ist und du dich zunehmend gestresst fühlst. Wenn du also wieder mehr Energie und Gelassenheit in deinem Leben spüren möchtest, dann darfst du dir eine neue Identität aufbauen. Aber das funktioniert nicht von heute auf morgen.

Der Schlüssel zu deiner neuen kraftvollen, achtsamen und gelassenen Energie sind kleine Schritte hin zu deiner neuen Gewohnheit. Nimm dir deshalb bitte nicht zu viel auf einmal vor. Im Idealfall pickst du dir für den Anfang erst einmal zwei Methoden heraus und beginnst damit.

Du könntest beispielsweise damit beginnen, dir jeden Tag am Morgen und am Abend etwa fünf Minuten Zeit zu nehmen. In diesen fünf Minuten kannst du dir vornehmen, dein Bewusstsein für deine Gedanken zu schärfen und dir mit Zettel und Stift einige Notizen dazu zu machen.

Wenn du nach ein paar Tagen feststellst, dass das gut funktioniert, dann kannst du die Zeit auf zehn Minuten erweitern und die Dankbarkeitspraxis mit aufnehmen.

Je nachdem wie gut es sich für dich anfühlt, kannst du täglich einen deiner Glücks-Momente in deinen Alltag ganz bewusst integrieren.

Wenn du das Gefühl hast, dass dir etwas fehlt, wenn du an einem Tag ausnahmsweise einmal nicht deinen Glücks-Moment oder deine Dankbarkeitspraxis für dich nutzen konntest, dann weißt du, dass du es geschafft hast, den Automatismus der Gewohnheiten für dich aufzubauen.

Denn genau das ist das Ziel. Indem du Methoden und Techniken in deinen Alltag integrierst, die es dir ermöglichen dich glücklicher zu fühlen und achtsamer zu sein, wirst du mit der Zeit automatisch positiv denken und diese Gelassenheit wieder spüren.

Natürlich ist es wichtig, dass du dabei selbst dein stärkster Motivator in deinem Leben bist. Manchmal ist es allerdings notwendig, sich extern unterstützen zu lassen, um den eigenen Antrieb wieder zu finden.

Du kannst hierzu auch inspirierende Podcasts nutzen die du beispielsweise auf dem Weg zur Arbeit hörst, anstatt dich von ungewollten Quellen beeinflussen zu lassen.

Alles was wir konsumieren, auch in Form von Informationen, funktioniert immer nach dem Prinzip „Shit in – Shit out". Aus diesem Grund ist es umso wichtiger, die Qualität der Informationen, auf den Prüfstand zu stellen und ganz gezielt auszuwählen. Wenn du also etwas hörst, liest oder siehst, frage dich: Bringt mich diese Information gerade näher an mein Ziel mich glücklich zu fühlen oder nicht.

Wenn wir unseren Alltag achtsamer leben wollen, dann beginnt jede Veränderung mit dem ersten Schritt, sich seinen eigenen Gedanken bewusst zu werden.

Denn nur, wenn wir dieses Bewusstsein schaffen - als Beobachter - können wir auch eine Veränderung anstoßen.

Dein größter Antrieb, für eine Veränderung, ist immer deine Intention – deine Absicht. Wenn du weißt, warum du etwas machen möchtest, und dir dieser Grund so enorm wichtig ist, dann wirst du die Veränderung auch umsetzen können.

Meine Intention mit diesem Buch war, dich dazu zu inspirieren, deine Glücksgefühle in dir selbst zu wecken. Dafür war es mir wichtig, dir einen bunten Blumenstrauß an unterschiedlichen Techniken und Methoden aufzuzeigen, die du dafür anwenden kannst.

Ich bin heute hier, um dich daran zu erinnern, dass du der wichtigste Mensch in deinem Leben sein darfst! Du darfst dich leicht fühlen. Du darfst glücklich sein und wieder mehr Gelassenheit in deinen Alltag einladen!

Du findest im Anschluss einen Workbook-Teil, den du zu deiner eigenen Selbstreflexion ganz gezielt nutzen kannst. Mache die Übungen in deinem Tempo. Hab Spaß daran und freue dich darauf, neue Seiten an dir kennen lernen zu dürfen!

An dieser Stelle möchte ich mich herzlich bei dir bedanken! Für deine Zeit und dafür, dass du mir dein Vertrauen geschenkt hast! Als Dankeschön, möchte ich mein digitales Workbook sehr gerne mit dir teilen.

Wenn du dir eine kraftvolle Morgenroutine wünschst, aber nicht weißt, wie du diese für dich gestalten sollst, um die positive Energie in deinen Tag zu tragen, dann lernst du darin 8 mögliche Bausteine (d)einer Morgenroutine kennen.

Dazu kannst du dir das kostenlose Workbook, nach Angabe deiner Email-Adresse, unkompliziert über den folgenden Link herunterladen:

www.rebalanceyou.de/selfmadeglueck

Ich wünsche dir von Herzen alles Gute!

Deine Ramona

Übungen für deine
Selbstreflexion

1) Deine Gedankenwaage

a) Veranschauliche deine positiven und negativen

Gedanken mit Hilfe der Gedanken-Waage. Gerade um den Anfang deiner Transformation zu verfolgen, zeigt dir die visuelle Darstellung ganz klar deine Veränderungen.

Notiere dir dazu das jeweilige Datum zu deiner Gedanken-Waage. Welche deiner Gedanken überwiegen (positiv oder negativ)?

Datum: _____

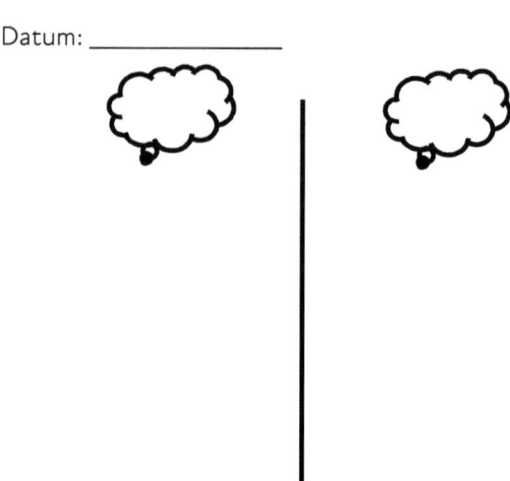

Datum: _____

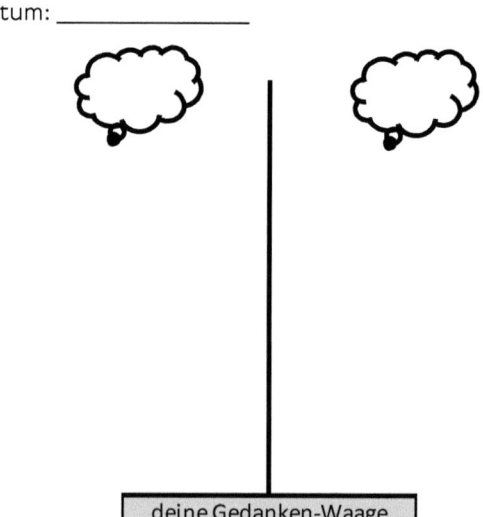

Datum: _____

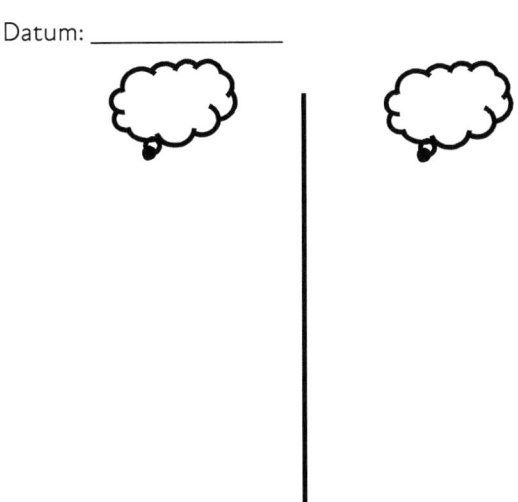

Datum: _____

Datum: _____

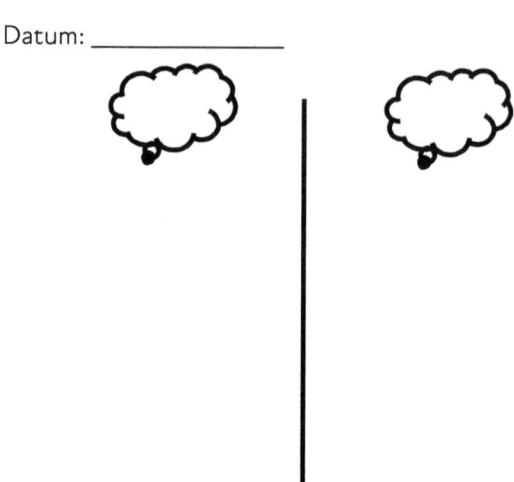

Datum: _____

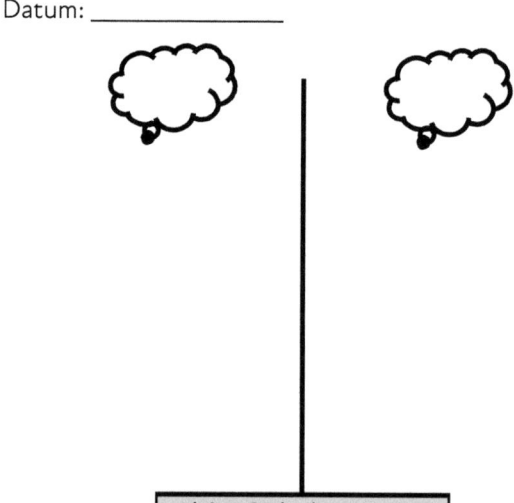

b) Welche Herausforderungen stellen sich dir? Wann fällt es dir leicht, wann fällt es dir schwer, deine Gedanken bewusst zu verfolgen?

2) Gedanken transformieren in 5 Schritten:

Schritt 1:
Nimm deinen aktuellen Gedanken bewusst wahr
Die meisten deiner Gedanken kommen ganz unbewusst. Werde dir zunächst darüber bewusst, wie du denkst und was du denkst.

Schritt 2:
Bewerte deine Gedankenqualität
Möchtest du diese Gedanken zukünftig ebenfalls auf diese Art und Weise denken oder möchtest du anders darüber denken? Überlege dir ganz bewusst, welche Gedanken du bewusst ersetzen möchtest und triff für dich die Entscheidung dies zu tun.

Schritt 3:
Wende deine neue Gedankenqualität an
Versuche so oft wie möglich, deine neue Gedankenwelt bewusst einzubauen. Sollte es dir ab und zu nicht gelingen, dann sei dir dessen bewusst und entscheide dich dafür, es beim nächsten Mal wieder zu versuchen.

Schritt 4:
Nimm deine Gedanken erneut achtsam wahr
Hier handelt es sich um ein Bewusstseins-Erleben, dass du immer wieder trainieren darfst.

Schritt 5:
Bewerte deine Gedankenqualität

So lange du mit der Bewertung deiner Gedankenqualität im Schritt (5) unzufrieden bist, durchläufst du die Schleife der Schritte (3) – (4) – (5) – (3) – (4) – (5) – (3) – usw.

3) Nimm dir vor, heute alle Menschen anzulächeln, die dir über den Weg laufen. Was fällt dir auf? Wie viele Menschen lächeln dir zurück? Was denkst du über die Menschen, denen es schwerfällt, dir zurück zu lächeln? Wie geht es dir damit?

_____

_____

_____

_____

_____

_____

_____

_____

_____

_____

4) Deine Dankbarkeits-Liste

Atme tief ein und tief aus und komme ganz bei dir an. Bring deine Aufmerksamkeit in dein Herz. Nimm einfach kurz wahr, wie es dir geht. Ohne zu bewerten. Und dann öffne deinen Fokus.

Wofür bist du jetzt gerade so unglaublich dankbar? Vielleicht alltägliche Dinge, die du als selbstverständlich wahrnimmst?

Für welche Menschen und Erlebnisse bist du besonders dankbar? Was lässt dein Herz vor Freude höherschlagen?

Und während du deine Antworten auf den folgenden Zeilen ergänzt, darfst du ins Gefühl gehen. Fühle diese Dankbarkeit und lass dieses Gefühl ganz stark in dir aufsteigen.

_____

_____

_____

_____

_____

_____

_____

Halte danach einen Moment inne und nimm die Veränderung, die in dir entstanden ist ganz bewusst wahr.

5) Schaffe dir ganz bewusste freie Zeit!

Werde dir bewusst darüber, wie du deine Zeit aktuell verbringst. Wie viel Zeit benötigst du zum Arbeiten, zum Schlafen, für Sonstiges (Haushalt, essen, etc.)?

Erstelle eine Liste für Werktage:

Dauer (z. B. 8 h)	Tätigkeit (z. B. schlafen)

Wie viel Zeit bleibt dir übrig?

An Werktagen bleiben mir _____ Stunden freie Zeit übrig.

Erstelle eine Liste für dein Wochenende:

Dauer (z. B. 8 h)	Tätigkeit (z. B. schlafen)

Wie viel Zeit bleibt dir übrig?

An Wochenenden bleiben mir _____ Stunden freie Zeit übrig.

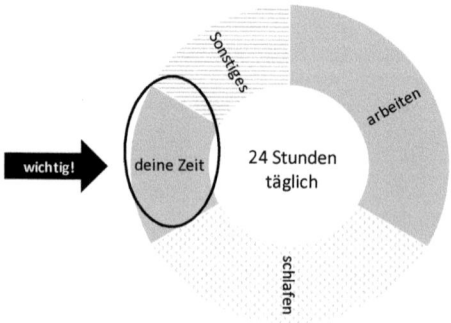

Wie verbringst du deine freie Zeit aktuell und wie möchtest du sie zukünftig verbringen?

Beispiel: Freie Zeit an Werktagen: etwa 4 Stunden.

Bisher	Ab jetzt
2 Stunden TV	1 Stunde TV, 1 Stunde Achtsamkeit
1 Stunde unbewusst am Smartphone, Laptop	0,5 Stunden bewusst am Smartphone 0,5 Stunden Yoga
...	...

Freie Zeit an Werktagen: etwa _____ Stunden.

Bisher	Ab jetzt

Freie Zeit an Wochenenden: etwa _____ Stunden.

Bisher	Ab jetzt

6) Deine täglichen Glücks-Momente

Erstelle hier deine Liste der möglichen Glücks-Momente, die du ganz einfach in deinen Alltag integrieren kannst, um diese bewusst erleben zu können.

Picke dir jeden Morgen 1 oder 2 Glücksmomente heraus und plane sie in deinen Tag ein. Setze dir gerne eine Erinnerung in deinem Smartphone-Kalender. Spüre dabei die Vorfreude, die in dir aufsteigt.

_____   _____

_____   _____

_____   _____

_____   _____

Nimm den Glücks-Moment dann ganz bewusst wahr. Wenn es sich beispielsweise um einen guten Cappuccino handelt, dann trinke diesen NICHT zwischen Tür und Angel, sondern setze dich bewusst hin und genieße diesen mit jedem Schluck.

7) Wann hast du das letzte Mal etwas zum ersten Mal gemacht?

Vielleicht handelt es sich um ein neues Gericht, dass du probiert hast oder du bist erstmals Barfuß im Schnee gelaufen. Ganz egal, was es ist. Es hat in jedem Fall deinen Horizont erweitert. Trage es hier ein und wecke deine Erinnerungen daran:

_____

_____

_____

_____

_____

_____

_____

_____

8) Lebensinventur

Für deine Lebensinventur darfst du dir gerne mindestens 30 Minuten Zeit nehmen.
Gehe jeden einzelnen Lebensbereich durch und fühle hinein, wie zufrieden du mit diesem Lebensbereich bist. Dann kreuze die Zahlen zwischen 1 (unzufrieden) und 10 (zufrieden) wertfrei für dich an.

Datum: _____

absolut zufrieden ↑	Glück	Beruf	Freunde	Familie	Partnerschaft
	10	10	10	10	10
	9	9	9	9	9
	8	8	8	8	8
	7	7	7	7	7
	6	6	6	6	6
	5	5	5	5	5
	4	4	4	4	4
	3	3	3	3	3
	2	2	2	2	2
unzufrieden	1	1	1	1	1

absolut zufrieden ↑	Finanzen	Freizeit	Fitness	Erholung	Gesundheit
	10	10	10	10	10
	9	9	9	9	9
	8	8	8	8	8
	7	7	7	7	7
	6	6	6	6	6
	5	5	5	5	5
	4	4	4	4	4
	3	3	3	3	3
	2	2	2	2	2
unzufrieden	1	1	1	1	1

Indem du das Datum notierst, kannst du deine durchgeführten Lebensinventuren miteinander vergleichen.

Eine Reflexion lohnt sich mindestens halbjährlich, um eine Transformation bewirken zu können.

Beurteile das Ergebnis deiner Lebensinventur:

Indem du das Datum notierst, kannst du deine durchgeführten Lebensinventuren miteinander vergleichen.

Eine Reflexion lohnt sich mindestens halbjährlich, um eine Transformation bewirken zu können.

Beurteile das Ergebnis deiner Lebensinventur:

- In welchen Bereichen bist du zufrieden?

_____

- In welchen Bereichen bist du unzufrieden?

_____

- In welchem Bereich liegt für dich das größtmögliche Potential für Wachstum?

_____

- Welches Ziel (1 bis 10) setzt du dir in diesem Bereich?

_____

- Woran erkennst du, dass du dein Ziel erreicht hast?

___

- Was ist dein erster, kleinstmöglicher Schritt, um dein Ziel zu erreichen?

___

- Wie kannst du dein Ziel in kleine Teilziele aufschlüsseln?

___

Und dann beginne mit der Umsetzung. Wie bereits im Buch aufgezeigt, können dich dabei unterstützen:

- eine Collage mit deinen Visionen
- kraftvolle Gewohnheiten und Routinen sowohl morgens als auch abends
- zu „journaln"
- positive Affirmationen
- deine starke und klare Intention. Ergänze dafür den folgenden Satz:

Mein Ziel zu erreichen ist mir enorm wichtig, weil:

___

___

___

Reflektiere in 6 Monaten:

Datum: _____

	Glück	Beruf	Freunde	Familie	Partnerschaft

absolut zufrieden ↑
unzufrieden

(Skala 1–10 für jede Kategorie)

	Finanzen	Freizeit	Fitness	Erholung	Gesundheit

absolut zufrieden ↑
unzufrieden

(Skala 1–10 für jede Kategorie)

Vergleiche die Ergebnisse aus deinen Lebensinventuren. Welche Erfahrungen hast du gemacht? Welche Veränderungen machen dich besonders stolz?

_____

_____

Welche Routinen haben dich darin unterstützt, deinem Ziel näher zu kommen?

_____

_____

_____

Was hat dich von deinem Ziel ferngehalten und dich Überwindung gekostet?

_____

_____

_____

9) Beispiel für deine achtsame Morgenroutine für mehr Gelassenheit im Alltag

Wenn du deinen Tag achtsam startest, trägst du eine ganz andere Energie mit dir, als wenn du dich bereits morgens gestresst fühlst. So könnte ein achtsamer Tagesstart aussehen:

Du wachst morgens auf und denkst:

„Ich bin von Herzen dankbar, gesund und voller Energie aufgewacht zu sein. Ich bin dankbar für die wunderbar erholsame Nacht die hinter mir liegt und freue mich auf den Tag der vor mir liegt. Ich bleibe in meiner Kraft und setze meinen Fokus auf all die positiven Aspekte, die sich mir zeigen."

Kurze Meditation und Konzentration auf deinen Atem.

Achtsames aufstehen, kleine Dehnübungen.

Ein Glas lauwarmes Wasser trinken. Fenster kurz öffnen und die klare Morgenluft gezielt einatmen.

Freue dich auf den Tag, der vor dir liegt! Setze dir eine Intention für den Tag!

Wann möchtest du morgen deinen Tag beginnen und was, möchtest du genau tun? Indem du es jetzt für dich festlegst, erzeugst du in dir mehr Verbindlichkeit, um es tatsächlich umzusetzen!

_____

_____

Es handelt sich dabei nur um eine kurze Veranschaulichung.

Es gibt noch viele andere Bausteine, die ein Teil (d)einer Morgenroutine sein können. Wie beispielsweise ein kurzer Energy-Talk oder kraftvolle Affirmationen.

Wenn du weitere Bausteine kennen lernen und für dich prüfen möchtest, dann nutze dazu sehr gerne das kostenlose Workbook für dich.

Du kannst dieses, nach Angabe deiner Email-Adresse, unkompliziert downloaden:

www.rebalanceyou.de/selfmadeglueck

10) Beispiel für deine Abendroutine

Wenn du deinen Tag achtsam beendest, dann schenkst du dir die Möglichkeit, dein Bewusstsein für dich, deine Gedanken und deine Gefühle zu schärfen. So könnte ein achtsames Tagesende aussehen:

Nimm dir dein Journal/deinen Block und notiere die Ereignisse/Menschen/Situationen, für die du heute dankbar sein darfst.

Fühle in diese Situationen direkt hinein. Notiere kurz, welche Situationen dir nicht so gut gelungen sind und wie du diese bei einem nächsten Mal besser handhaben möchtest.

Geh noch einmal in die Dankbarkeit für dich, dein Vertrauen und sei stolz auf dich, weil du dir selbst diese Zeit ganz bewusst schenkst.

Kurze Meditation und Konzentration auf deinen Atem.

Freue dich auf die erholsame Nacht die vor dir liegt und den Tag, der morgen auf dich wartet.

Wann möchtest du heute deinen Tag beenden und was, möchtest du genau tun? Indem du es jetzt für dich festlegst, erzeugst du in dir mehr Verbindlichkeit, um es tatsächlich umzusetzen!

_____

_____

11) Reflexionsfragen, die dich inspirieren können

Du kannst in regelmäßigen Abständen, z. B. jährlich, monatlich, wöchentlich oder auch täglich, mit Reflexionsfragen arbeiten.

Sie helfen dir dabei, dich und deine Gedanken und Gefühle zu hinterfragen und unterstützen dich bei einer möglichen Neuausrichtung.

Es gibt gefühlt unendlich viele Reflexionsfragen. Manche hast du im Buch bereits kennen gelernt.

Hier erhältst du zusätzlich eine kleine Auswahl:

a) Was kannst du heute tun, damit du dich morgen glücklicher fühlst?

b) Wem kannst du eine Freude machen?

c) Wie kannst du dein Vertrauen in dich stärken?

d) Wann warst du das letzte Mal besonders stolz auf dich?

e) Was möchtest du tun, um deine Komfortzone ganz bewusst zu verlassen?

f) Was begeistert dich?

g) Wer begeistert dich?

h) Wen begeisterst du?

i) Wodurch möchtest du deinen Horizont erweitern?

Platz für deine Notizen:

Über die Autorin

Ramona Neupert ist studierte Dipl. Betriebswirtin (FH) und M.Sc. Sie arbeitet als erfahrene Führungskraft mit einer Verantwortung für knapp 60 Mitarbeiter.

Kraftvolle Gewohnheiten, für mehr Resilienz und Gelassenheit im Alltag, sind ihr besonders wichtig. Mit diesen Themen hat sie sich in diversen Weiterbildungen und (Selbst-)Führungsseminaren intensiv beschäftigt.

Um ihren Erfahrungsschatz und ihr breit gefächertes Wissen weiterzugeben, hat sie nebenberuflich die Marke REBALANCE YOU gegründet.

Ihre moderne Interpretation wissenschaftlicher Methoden der Selbstführung vermittelt sie authentisch, verständlich und greifbar, um ihren Kundinnen eine einfache und unkomplizierte Anwendung im Alltagsgeschehen zu ermöglichen. Sie betreibt den Host www.rebalanceyou.de um Frauen gezielt anzusprechen und bietet Seminare und Online-Kurse an. Ihr ist es eine Herzensangelegenheit sich ehrenamtlich zu engagieren. Mit ihrem Debütroman spricht sie all diejenigen Leserinnen an, die bisher kaum Berührungspunkte mit dem umfangreichen Themengebiet der Persönlichkeitsentwicklung haben. Ihr liegt es am Herzen, auf verständliche und humorvolle Art und Weise der Leserin eine neue Perspektive auf das Leben zu geben und Möglichkeiten aufzuzeigen, selbstständig mehr Glück und Gelassenheit im Alltag zu empfinden.

Danke!

Mein großer Dank gilt Andre Sierk, dem Geschäftsführer des Avocado Verlags. Es ist mir eine große Ehre und Freude mit dir so inspirierend zusammen arbeiten zu dürfen!

Ich danke von Herzen allen, die an der Umsetzung dieses Buches beteiligt sind! Vom Design, hin zur Textsetzung, über den Druck bis hin zu dem freundlichen Boten, der dafür sorgt, dass meine Leserinnen das Buch druckfrisch in ihren Händen halten und schmökern dürfen!

Euch allen gilt mein aufrichtiger Dank!

Last but not least sage ich DANKE an meinen wunderbaren Ehemann, der mich immer unterstützt und dabei noch den technischen Part im Hintergrund von Rebalance You sicherstellt!

Kontakt

Wenn du mehr über die Autorin und ihre Arbeit erfahren möchtest, findest du hier den Kontakt:

www.rebalanceyou.de

https://www.instagram.com/rebalance_you/

Literaturverzeichnis

Literatur, die die Autorin auf ihrem Weg inspiriert hat und dadurch indirekt in ihre Erkenntnisse mit eingeflossen ist:

Byrne, R. (2006). The Secret. Das Geheimnis. München. Arkana.

Carnegie, D. (2018). Sorge dich nicht – Lebe! Frankfurt a.M. Fischer.

Clear, J. (2018). Atomic Habits – Tiny Changes, Remarkable Results. New York. Avery.

Dannemeyer, P. und R. (2016). NLP-Practitioner-Lehrbuch. Paderborn. Junfermann.

Dispenza, Dr. J. (2017). Werde übernatürlich. Wie gewöhnliche Menschen das Ungewöhnliche erreichen. Burgrain. Koha.

Tolle, E. (2017). Jetzt! Die Kraft der Gegenwart. Bielefeld. Kamphausen.

Seiler, M.S. (2017). Mögest du glücklich sein. München. Komplett-Media.

Stahl, S. (2015). Das Kind in dir muss Heimat finden. München. Kailash.

Strelecky, J. (2020). Safari des Lebens. München. dtv.

Wird vertreten durch:

Andre Sierk, Bremer Straße 60, 10551 Berlin

Wir suchen Testleser*innen für unsere Bücher!

Sollten Sie Interesse an Gratisexemplaren haben, so melden Sie sich direkt über unsere Webseite unter www.avocado-verlag.de bei unserem Testleseteam an. So helfen Sie uns dabei, unsere Bücher noch besser zu machen.